つみき

設計施工社

ともにつくるＤＩＹワークショップ

リノベーション空間と8つのメソッド

河野 直＋河野 桃子＋つみき設計施工社

つみき
設計
施工社

住まいをつくることは、喜びに満ちあふれている。
その喜びは、関わるすべての人で分かち合うことができる。

田中拓人、金井美菜海（ふたりともつみき設計施工社スタッフ）

右から河野直、河野桃子（ふたりともつみき設計施工社）、夏目奈央子（なつめ縫製所）、忍田孝二（和建築工房）、

PROLOGUE

京都で大学院を卒業後、私たちは、いわゆる有名建築設計事務所への就職を志し、上京しました。

新しい空間、居心地のいい空間を目指し、そこで繰り広げられるディスカッションはとても刺激的なものでした。でもそこに、実際につくる人の顔が見えないこと、何のため、誰のために新しいものを目指しているのかが見えないこと、その違和感に耐えられず、就職を辞退することを決めました。

仕事も仲間も何もない、たいへん身軽になってしまった私たちは、空っぽの頭で色々な妄想を膨らませました。

そんななか、学生時代に京都でお世話になったバイト先での町屋の改修工事のことを思い返していました。その現場では、お客さんもほこりまみれになりながら現場作業に参加していたり、設計者も作業着を身にまとい、職人さんと相談しながら土壁の配合を調整していたり、当時学生だった私も土壁を塗らされたり。そこにはいつも、寡黙ながら着実に仕事を進め、ときに、的確なアドバイスをする大工さんがいました。

そうだ、あの大工、相良さんと連絡を取ってみよう。

相良さんは千葉県市川市のご実家に戻られていることがわかりました。私たちは「ともにつくる喜び」というタイトルの企画書を手に、これからのこと、私たちの目指すもの、いろいろなお話をし、一緒にやってほしいとお伝えしました。

職人さんにとっては、お客さんとコミュニケーションを取る機会がないことが普通であること。お客さんにとっては、どんな人が、どんな風につくっているのかわからないことが普通であること。

建物ができるというのは、大変なことだけれども、楽しいプロセスであるということ。相良さんにはたくさんのことを教わり、現場でたくさんの経験をさせていただきました。

「つみき設計施工社」を創業して半年、初めてのリフォームのお仕事は小さなお菓子やさんでした。

普段は住宅の玄関として使われるたった半坪の空間で、週末だけつくった焼き菓子を販売し、しかもプレゼント用のラッピングコーナーまでつくってしまおう、という楽しいプロジェクトでした。

空間が広く見えるように鏡を用いる工夫をしたり、お店用の間仕切り壁や黒板は、普段は壁の中に隠しておけるような仕組みにしたり、わずか1畳分の小さな空間にたくさんの仕掛けを計画しました。

このプロジェクトで私たちは、半年間暖めてきたことをいざ実践！　塗装や郵便受けの製作など、安全に参加していただける作業には、オーナーさんにも積極的にご参加いただきました。

施工中は物陰からお父さまの視線がちらちら…。じつは若い頃は左官職人をされていたというお話を伺い、急きょ壁の仕上げを左官仕上げとし、お父さまにご協力いただくことになりました。

壁塗り当日、朝現場に到着すると、すでにお父さまが材料を練り始めていました。寡黙なお父さまがもくもくと壁を塗る様子を心配そうに、そして嬉しそうに眺めながらペンキを塗るオーナーさん。ふたりの作業を見守りながら大工工事を進める大工さん。ともにつくることで生まれた時間。

熱い思いだけを胸に立ち上げた私たちの工務店、つみき設計施工社は今年で8年目を迎えました。

知識も経験も乏しかったあの頃と変わらず、私たちの目指す仕事は、住まい手、設計士、職人が同じ土俵に立ち、それぞれの立場から思い、技術、経験、アイディアを出し合い、その場づくりに関わるすべての人が幸せになれるものづくりです。

この本では、私たちがこれまで手掛けてきたリノベーション空間を紹介しながら、活動の内容やＤＩＹワークショップの場づくりのノウハウを紹介しています。

この本を手に取り、こんな家づくり・お店づくりがしてみたい！　と共感してくださる方がひとりでも多くいて下さり、そのことが、建設業界への小さなムーブメントが巻き起こるきっかけとなればとても嬉しく思います。

それでは、始まり始まり！

創業当時のメンバー。左から河野直、桃子、大工の相良昌義さんとお父さまの昌弘さん

もくじ

WORKSHOP METHOD

MEMBER INTERVIEW

つみきだより

SPECIAL TALK

「ともにつくる」場を通して人をつなぎ、持続可能な社会を目指す

一 鈴木 菜央／ウェブマガジンgreenz.jp 編集長×河野 直

「いすみウッドデッキ」や「greenz harajuku（グリーンズオフィス）」、「パーマカルチャーと平和道場」などの施工の現場を「つみき設計施工社」に依頼してくださった鈴木菜央さん。「ともにつくる」ワークショップを通して目指すことをお聞きしました。

鈴木 菜央

NPOグリーンズ代表／greenz.jp編集長

1976年バンコク生まれ東京育ち。2002年より3年間「月刊ソトコト」にて編集。独立後06年「ほしい未来は、つくろう」をテーマにしたWebマガジン「greenz.jp」創刊。千葉県いすみ市在住。家族4人で35㎡のタイニーハウス（車輪付き）に住んで、暮らしとコミュニティづくりの実験中。

仲間とDIYの技術を共有したくて、「つみき設計施工社」に依頼することに

――おふたりの出会いを教えていただけますか？

河野　「つみき設計施工社」が鈴木さんと初めて接点をもてたのは、僕らの活動を「greenz.jp」の記事にしていただいたときですね。「つみき」を2010年10月に創業してから、ちょうど1年半後の2012年5月に掲載していただきました。じつはそれが、メディアに載った記念すべき初めての記事で。池田美砂子さんという素敵なライターさんが、僕らの活動や想いを丁寧に説明してくださって、すごく嬉しかったことを覚えています。

鈴木　その記事は、「自分でつくること、それは豊かさの根本。住まい手参加型の設計・施工で、丁寧な暮らしを〝ともにつくる〟『つみき設計施工社』」という長いタイトルなんですが、その年の読者が選ぶ人気ベスト1の記事になったくらい、素晴らしい内容の記事だった。でも、タイトルだけ見たときには、当時の僕は仕事を詰め込みすぎて、かなり厭世的な気分だったから。「丁寧な暮らしね、ふーん」みたいな感じで（笑）、実際に一緒にお仕事させていただくとは思ってもみなかったです。

河野　実際に、その記事掲載の後の3年間、編集長である鈴木さんとは実際にお会いすることは一度もなくて。初めて顔を合わせたのが2015年2月の「リノベーションスクール@北九州」でした。

鈴木　そうでしたね。ふたりともセルフリノベーションコースの講師として呼ばれました。僕はオフグリッドでその家の電気を賄うという技術を担当して。（河野）直くんは、2階の天井・床・

鈴木さんの自邸にウッドデッキをつくったワークショップ

壁・窓をつくり直す施工部分の担当でした。
雨漏りするようなボロボロの一軒家を25人が3泊4日でリノベーションするという、ずいぶんチャレンジングな企画でしたよね（笑）。

河野　そうでした（笑）。その頃はすでに、鈴木さんは千葉県いすみ市にタイニーハウスを建てて移住されていて。持続可能な暮らしの実験を始められていたんですよね。リノベーションスクールで仲良くさせていただくようになって、その後、奥様の誕生日プレゼントの手づくりのウッドデッキの依頼をいただきました。

――なぜつみき設計施工社さんに依頼されたのでしょうか？

鈴木　つみきさんの「みんなでつくる」というスタンスや、その思想と一致した親しみのもてるデザインがいいなと思ってました。
それと、このウッドデッキも大工さんに依頼して一から十までつくってもらうことももちろんできたのですが、せっかくつくるんだったら、この施工プロセスからDIYのスキルを学んだり、それをみんなで共有したいなと思ったんです。

河野　DIYって、いますごく流行ってるんだけど、僕らは普通のDIYだけじゃできないような高度なことも体験していただくように意識しています。そのために必ず、本職の棟梁に講師をお願いしていて。本物の技術に触れていただくことで、日本が育んできた職人文化を知ってほしいという思いもあります。

鈴木　ウッドデッキのワークショップでも、柱のほぞをノコギリで切るような大事な作業を、参加者に担当させましたよね。実際に、何度か失敗して少しづつ短くなってしまって。施主と

ウッドデッキをつくるワークショップで柱のほぞを加工する様子

しては「頼むよ」という、祈るようなドキドキした気持ちで作業を眺めていました（笑）。

でもそこがつみきさんの面白いところですよね。リノベーションスクールでも、25人に3泊4日で一軒家をリノベーションさせるには、相当な工夫が必要だったはずですが、つみきさんはそのあたりのノウハウを蓄積されているから、いとも簡単にオーガナイズしてしまう。柱のほぞを切るなどの、大事な部材を取り扱う難しい作業を参加者に振るのも、自信がなければ怖くてできないと思います。

河野　確かに、プロが担う部分とワークショップで施工する部分の割り振りや、工程の区切り方、メンバー構成など、かなり細かい部分まで意識しています。子どもの頃、劇のシナリオをつくるのが好きだったのですが、それと似ているのかもしれませんね。人の動きや感情の変化なんかも計算してる。でもそれをやらないと、人が集まっても、現場はワーワーするだけで、参加者全員に満足していただける学びの場はつくれないんですよね。

鈴木　ウッドデッキのワークショップ参加者も、その後自分でDIYのプロジェクトを始めたりしていて、その成果をFacebookで見るたびにニンマリしています。このワークショップを通して、自分にはとても無理だと思っていたような高度な施工も、「プロの助けを借りればできる」ということを学べたから、色々なことにチャレンジできるわけですから。

「ともにつくる」現場は人を人をつなぐパーマカルチャーの実践の場

――その後、「greenz harajuku（グリーンズオフィス）」や「パーマカルチャーと平和道場」でも、DIYワークショップを伴ったリノベーションの設計・施工をつみきさんに依頼されています。

鈴木　そうですね、せっかく工事するんだったら、その学びをシェアしないとね。

「パーマカルチャーと平和道場」（千葉県いすみ市）施工中の様子

「パーマカルチャーと平和道場」は、「消費者」から「文化の創造者」になろう！　を合言葉にした学びの場で、千葉県いすみ市にある古民家をリノベーションしてつくっています。

パーマカルチャーとは、自然のエコシステムを参考にしながら持続可能な社会や暮らしをつくろうとする、総合的なデザイン科学の概念のことで、僕は自分の身の回りにあるすべての要素をつなげてお互いが活かし合う関係性をつくることだと解釈しています。

この道場は、これからの時代を生きるのに必要な、自然とつながり、自分の手で暮らしをつくる技術を学ぶ場にしたいと思ってます。

具体的にはギフティビズム（見返りを期待せずに与えるという思想）やギフトエコロジー（支え合いで心が満たされる、支え合いの生態系で生きるという思想）、水を井戸や雨水から得る技術、自然資源を活かして夏は涼しく、冬は暖かく過ごす技術、ポットラック（持ち寄りご飯）や地域通貨のデザインなど、いろんなワークショップを企画したいと思っています。

僕はパーマカルチャーは、次の時代のキーワードだと思ってるんです。このなかには、つみきさんの活動のような、家や小屋を仲間とともにつくる技術も含まれてる。だからつみきさんは、パーマカルチャーを実践してるともいえるよね。

河野　ありがとうございます。その言葉もすごく嬉しくて、感激してます。でも、先ほどの「すべての要素をつなげること」がパーマカルチャーだという鈴木さんの定義をお聞きして、すごく納得するところもあって。というのは、ものづくりのワークショップでは、普段の生活では出会うことのない方々が出会い、びっくりするくらい仲が良くなったりして、まさに「人と人をつなげている」場だからです。

僕らはクライアントに満足していただくだけではなく、もっと「ともにつくる場」を増やしていくことが、社会にとって貢献できる、僕らのミッションでもあるんだなと改めて感じました。

1 仲間を巻き込んでつくる

住まいやお店をつくること。それは誰にとっても、人生の一大イベントです。大変なことだけど、ワクワク楽しいこの時間を、大切な仲間とともに過ごせば、絆が深まり仲間の輪が広がります。ともにつくることで目指すのは、その場所がみんなにとっての大切な場所になるということ。

CASE 1

いすみウッドデッキ

〝つくる〟がつなげるコミュニティ

ソーシャルメディア「greenz.jp」の編集長、鈴木菜央さんからご連絡をいただいたのは2015年春のこと。

ウッドデッキづくりワークショップ参加者の皆さまと「おつかれさまー!!」

奥様の誕生日プレゼントになんと、ウッドデッキをプレゼントしたい、とのご相談でした。

小さなトレーラーハウスに住みながら、とことん暮らしを楽しむ鈴木家。

せっかくウッドデッキをつくるのに、すべてプロにお任せなんてつまらない！と、仲間を集め、大工の忍田棟梁を講師に、「コミュニティビルド」に挑戦しました。

「コミュニティビルド」とは、住まい手を中心に仲間とともに家づくりを行う方法。

ここでは、2週に渡ってDIYワークショップを行い完成させた、そのストーリーをご紹介いたします。

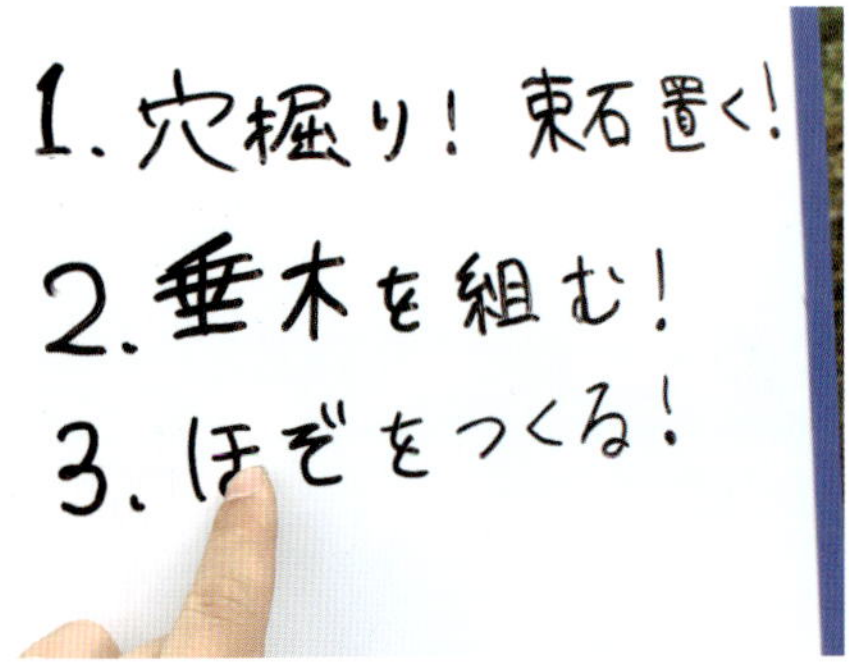

工程をホワイトボードに書いて、誰でも見えるところに設置

デッキの計画を模型で確認する娘さんたち

1 ワークショップ準備

ウッドデッキの計画では、設計図と模型を使い、鈴木さんご家族と事前に打ち合わせを行いました。

ワークショップ開催前日、スタッフは準備作業に取り掛ります。まずは、水糸と杭でウッドデッキの正確な位置を決めていきます。翌日以降、デッキづくりに参加する何十人が確認する「基準」をつくるための大切な工程です。

夜は鈴木家で夕食を囲みながら、ウッドデッキづくりに掛ける思いや明日の場づくりのイメージなどを話し合いました。

ウッドデッキの位置と高さの基準を出すための「遣り方」と呼ばれる工程。一定の精度を要するため、スタッフの事前作業とした

最初の作業は「穴掘り」。どんな作業もみんなで楽しんで

ワークショップの始まりはいつも、ラジオ体操

2 基礎をつくる

ワークショップ1日目は参加者の自己紹介とラジオ体操から和やかにスタート！ いすみ市内の友人のほか、東京や福井からも仲間たちが駆けつけました。

まずは大まかな工程や工具の使い方などを説明し、完成イメージを図面と模型で確認します。

一番最初の工程は、柱の基礎をつくること。穴掘り↓砕石を敷いて転圧↓束石設置の流れで作業は進みます。一見大変そうな穴掘りも、みんなでやれば楽しいものです。高さと位置を基準線で確認しながら、束石を正確な位置へ置いていきます。位置の最終チェックはスタッフが行いました。

前日に張った水糸を基準に、ひとり一カ所、束石を設置した。水平を取りながら位置を正確に合わせる慎重な作業

各参加者が鉛筆で木口に墨出しを行い、ノコギリで刻む。緊張感と根気のいる作業、しっかりと時間を掛けて行った

3 柱・梁をつくる

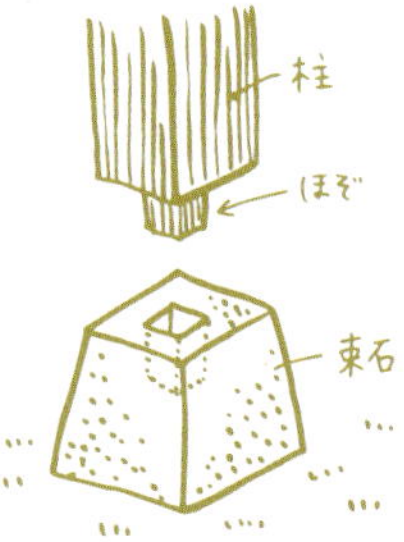

次の工程は柱の加工。柱を束石の穴に差し込むための「ほぞ」の加工を行います。参加者の誰も経験したことのない高度な作業です。まずは忍田棟梁の見本を見て、正確な位置を出すための「墨付け」とノコギリでの「刻み」を学びます。ひとり一本の柱を担当して、時間を掛けて柱の加工を行います。

難易度の高い作業ですが、うまく束石にはまったときには、大きな達成感がありました。

失敗しても、後から微調整して直す

まずは忍田棟梁から道具の正しい使い方を学ぶ

梁の上に「せーの」で屋根を持ち上げる。多人数のワークショップならではのダイナミックなワンシーン

4 | 屋根をつくる

続いて屋根づくり。すべての柱を立ち上げた後、屋根を設置するための梁を打ち付けます。このワークショップでは、高所での危険な作業を最小限にするため、屋根の骨組みは地面で行い、組んだ屋根を参加者全員の力を合わせ梁の上へと持ち上げました。

ウッドデッキの全体像がようやく見えて、歓声が上がる瞬間です。

梁を柱に、ビスで打ち付ける

柱を1本ずつ立ち上げていく。うまく立った！のシーン

スマホの電卓を駆使しながら、床材の位置を墨付け

床下に潜って、床板を止め付ける作業

5 床を張る

ワークショップ最終日は、床張りなどの仕上げを行いました。床材の間に5㎜程度の隙間をあけるため、まずは床材の位置の墨付けを行いました。

続いて、インパクトドリルでの床張り。床の下に潜り込み、下からビスを打って、ヒノキの床を1枚1枚張っていきました。

最後に、余った材料で手すりや日除けなどを即興でつくりました。

チームに分かれて床板を張っていく作業

墨付けは、必ず差金を使って直角を出す

床下組と床上組に分かれて声を掛け合いながら作業を進める

床材と下地に隙間があかないよう、上から床材を押さえながら

手すりの高さは使うシーンをシュミレーションしながら原寸で確認

完成したデッキを眺める。デッキの完成と、奥さまの誕生日をみんなで祝った

6 完成を祝う

手すりを付け終えると、遂に完成！ 祝杯を上げると、奥さまへのお披露目会とバースディパーティの始まりです。みんなでつくったデッキを眺めながら飲むビールは格別の美味しさです。

できたての床も、ヒノキの木肌が気持ち良く、いつまでも座っていたい気分に。

つくるだけでなく、みんなで完成を祝うところまでがコミュニティビルドの醍醐味です。

トレーラーハウスのリビングからの眺め

できたての東濃ヒノキの床で、お昼休憩

ともにつくることで生まれた大切な場所

4日間で40人の手を介し、ウッドデッキは完成しました。

40人の参加者の皆さんのモチベーションはそれぞれ。DIYの技術を習得したいという方もいれば、ただ単純に仲間とものをつくるのが好きだという方、今後の自分自身の家づくりに活かしたい、という方もいました。

ただ共通の想いは〝ともにつくることで仲間ができること〟。

デッキの脇に植えた葡萄の木はぐんぐん伸び、今ではもともと自生していた木が家に絡みついたような自然な風景となっています。

この場所はあのときの参加者全員にとって、ともにつくることで仲間ができた大切な場所として、いつまでもあり続けることでしょう。

緑に包まれた、現在のウッドデッキの様子

WORKSHOP METHOD 1

DIYワークショップ・計画編

DIYワークショップには、素人からプロまで、さまざまな立場・世代の人たちが関わります。通常のプロによる施工ノウハウに加え、「DIYを前提とした設計」や「ワークショップの進め方」など独特なノウハウが存在します。ここでは、「いすみウッドデッキプロジェクト」を例に、どの参加者も安全に、楽しく充実した学びのある時間を過ごすためのノウハウを紹介します。

1 ヒアリング

依頼主の希望や場づくりのイメージはさまざま。DIYワークショップをスムーズに進めるには、打ち合わせ段階での意思の確認や事前の見極めが重要だ。ここではヒアリング・設計提案・ワークショップ計画段階での、設計者が押さえるべきポイントを紹介しよう。

①DIY参加への意思確認

設計者は初めての打ち合わせで、依頼主の「DIYへの関心の有無・高さ」を確認しよう。依頼主のDIYへの関心が高い場合、今までのDIY経験や、これからチャレンジしてみたい作業内容を聞いて、参加への意思を確認しよう。逆に、DIYにまったく関心のない場合は、DIY参加を無理に勧めないこと。DIYワークショップでは、「依頼主にDIYで工事参加してもらう」のではなく、「主体的にDIYに取り組みたい依頼主をプロとしてサポートする」姿勢が大切だ。

②基本情報の確認

通常の設計ヒアリングと併せて、DIYワークショップの実施に向けて、以下項目の確認を行おう。

1〈何を〉作業内容の確認

DIYワークショップを通じて、どの部分をみんなでつくり上げていきたいかを話し合おう。

2〈誰と〉参加者のイメージ

家族で一緒につくるのか、友人や近所の人にも声を掛けて一緒につくりたいのか、DIYワークショップへの参加者のイメージ、おおよその人数を共有しよう。

3〈なぜ〉DIYワークショップを行う理由

すべてプロに任せてしまうのではなく、なぜ、自分自身で、また家族や友人と一緒につくっていきたいのか、DIYワークショップを通じて大切にしたいことは何なのかを話し合おう。

4〈どこで〉開催場所

作業内容と参加人数のイメージに合わせて、現地のどの場所でDIY作業を行うことができるか検討しよう。現地の広さは十分か、音を出しても大丈夫な場所かどうかを確認。作業スペースが十分に取れない場合は、参加人数を減らすなどして調整しよう。

5〈いつ〉開催日時

依頼主のスケジュールと参加者の属性を考慮して、DIYワークショップの具体的な日時を設定しよう。

Point
多忙な依頼主には無理のない提案を

DIY工事に関心が高いが、じっくりとDIYに取り組むには十分な時間が取れない場合は、無理のないボリュームのDIY工事を提案しよう。初めてのDIY作業は緊張感もあり、体力的にも心理的にも負担が大きくなりがちだ。
例えばタイル貼りやフローリング張りなど、基本は職人が仕上げる作業の一部をDIY体験する計画とし、参加時間を調整できるような提案をするのもひとつの手だ。短い時間でも職人のプロフェッショナルな仕事に触れる経験は貴重なものとなる。

体験ではなく、じっくりとDIYに取り組みたい場合は、工期中にDIYの手法を学び、引き渡し後、住みながら徐々にDIYで手を加えていく計画もオススメだ。

③ 参加の目的を確認する

DIY参加に関心をもつ依頼主のモチベーションはさまざまだ。以下のような例が見られる。

- **手を動かしてものをつくることが好き**
- **すでにDIY経験があるが、もっと高度なことを学びたい**
- **DIYで手を加え続ける暮らし方をしたい**
- **子どもにものづくり体験をさせたい**
- **事業を始める際にワークショップで仲間を巻き込みたい**
- **予算を抑えたい　など**

それぞれのケースに合ったDIY工事の内容の提案ができるよう、目的を明快にしたうえで計画を進めよう。

Point
家族での参加がオススメ

家族にとって家づくりは、一生に幾度もないビッグイベント。これから永く暮らす自分たちの住まいを家族でつくる思い出は、一生の宝物となる。家族で参加できるDIYは積極的に取り入れよう。

例えば小さな子供がいる場合には無垢材のフローリングを蜜蝋ワックスや自然塗料で仕上げるのもオススメ。自然塗料なら子どもにも安心して触れてもらえ、2歳程度の子どもから参加が可能だ。小学校高学年以上の子どもがいる家庭なら、簡単な家具や収納を一緒につくるのも楽しい。

子どもが参加するDIY工事はとくに、安全への配慮が必要だ。通常の工

自然素材の蜜蝋ワックスなら、小さなお子さんもいっしょにお手伝いできます

期とDIY工事を分ける、工具の安全講習に時間を掛けるなど、安全を最優先に考えたうえで、家族みんなでのDIYが、子どもたちにとってかけがえのない体験・豊かな学びになるよう、計画を進めよう。

家族でつくれば一生の思い出になる

2 設計提案

依頼主からのヒアリングをもとに、製作物の設計を行う。どの部分を参加者＋依頼主によるDIYで製作するのかも同時に検討する。DIYで製作する部分では、できるだけ簡単な工法と扱いやすい材料を設定しよう。

→具体的なワークショップの内容については、以下を参照。

- **・左官壁塗りワークショップ** 70ページ〜
- **・床張りワークショップ** 76ページ〜
- **・タイル貼りワークショップ** 92ページ〜
- **・ペンキ塗りワークショップ** 160ページ〜
- **・家具づくりワークショップ** 164ページ〜

① DIYでつくる部分を決める

依頼主の目的意識や、スケジュール、ワークショップの参加想定人数、予算などを考慮して、工事全体のどの部分をDIYで行うのかを決めよう。DIYワークショップでつくれるか？ を見定めるには、「ノコギリとインパクトドリル、その他の手道具だけでつくれるかどうか」を工程から判断する必要がある。逆に、丸ノコやグラインダーなどの危険を伴う機械工具を要する工程は、プロによる施工範囲とすることで、工事全体をスムーズに進めることができる。

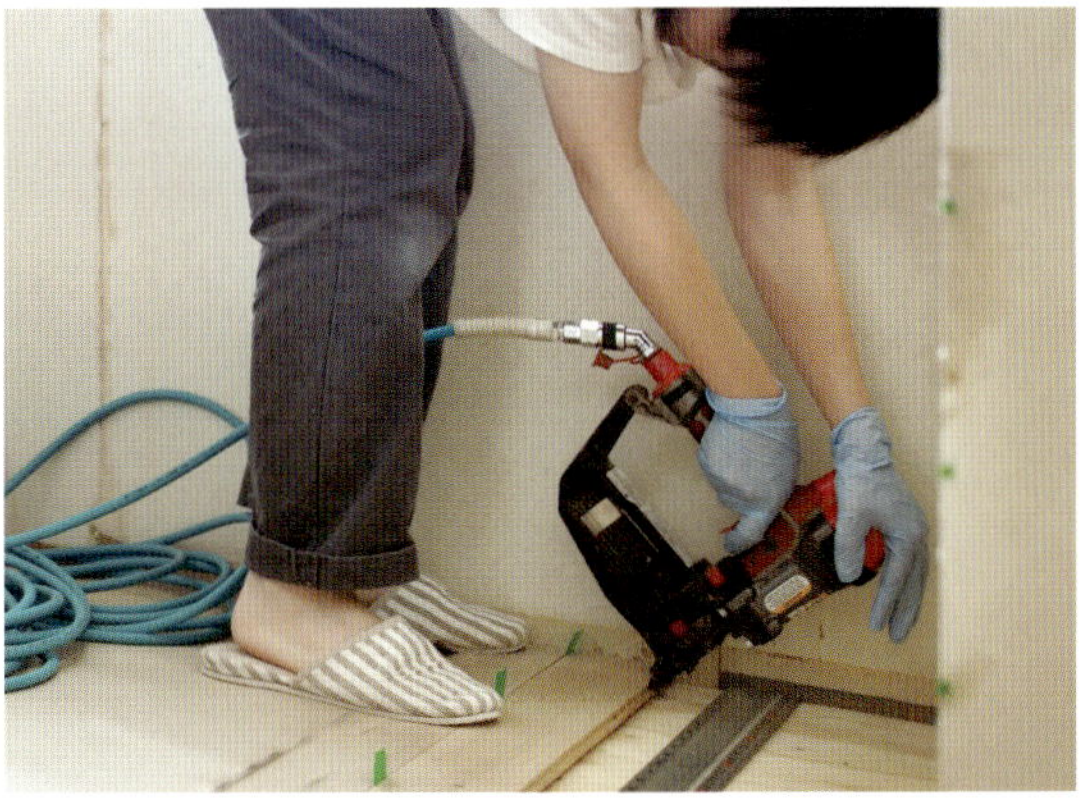

初めて使う工具は最初にしっかり練習時間を取ろう！

② 目指す仕上げの確認

DIY工事の場合、やはり職人の仕上がりとは差が出る。例えば左官工事の場合、漆喰や珪藻土の塗り壁で光沢のある平滑な面をつくることは、素人には難しい。ラフな仕上げにする場合も、どの程度の仕上がりを目指すのか、事前にサンプルや参考画像を用いて確認することをオススメする。仕上がりによって工程数や予算が左右されるため、早い段階で確認しよう。

Point
職人との打ち合わせも入念に

「目指す仕上がり具合」や依頼主の「DIY参加の目的意識」は、現場を担当する職人ともしっかりと共有しておこう。どんな人が、どんな思いをもって、工事の一部をDIYで行うのか事前に知ることで、職人も必要な準備を進められ、充実したDIY工事となるだろう。

③色分けした図面や工程表の作成

どこまでをプロによる施工で行い、どこまでをDIYで行うのか、はっきりと区分することが重要だ。設計者は、施工者とも相談しながら、とくにDIY工事部分の前後の細かい工程を意識して、工事区分を明確にしよう。

設計図や工程表を作成する際に、プロによる工事部分とDIY工事部分を色分けするなどして区分すると、わかりやすい。

Point
DIY参加の旨を工事関係者に伝達

DIY参加がある旨は、できる限り早い段階で工事関係者と共有すること。また設計者は工事区分が明記された設計図と工程表で、施工者と入念な打ち合わせを行う。

3 ワークショップ計画

安全で楽しいワークショップを実施するには、綿密なスケジュールが必要不可欠だ。以下のポイントを押さえながら、ワークショップの計画を立てよう。

①作業工程と所要時間を書き出す

DIYで行う作業内容と工程をひとつひとつ書き出そう。また、各工程に掛かる所要時間の目安も書き出す。ワークショップ経験の回数が少ない内は、どの作業を何人でやればどれくらいの時間が掛かるか？ は想定しづらいため、まずは無理のない作業量を設定しよう。

②参加者の想定とスタッフの確保

工程の書き出しと並行して、DIYワークショップへの参加者人数や属性（誰と一緒にDIYを進めていきたいか）を想定しよう。また、当日参加できるスタッフを確認する。

③スケジュールの確定

次に、ワークショップの具体的なスケジュールを作成する。終日開催なら午前10時から午後17時までの7時間程度（内1時間昼休憩＋小休憩2回含む）、半日開催なら午後13時から午後17時までの4時間程度（小休憩1回含む）が時間設定の目安だ。作業時間だけでなく、自己紹介や安全講習・1時間半程度に一度の休憩時間を必ず組み込もう。

④チームづくりと場所の確保

例えば、10人以上の参加者が同時に同じ作業をすると、道具の不足や十分な作業場所が確保できないなどの問題が必ず生じるため「3〜6名の参加者＋1〜2名のスタッフ」で構成される作業チームに分けること。チームごとに、作業内容と作業場所を割り当て、参加者がさまざまな作業内容を体験できるよう、作業時間を2〜4の時間帯に分け、チームごとに作業をローテーションさせる。計画段階では、次の図のように、チーム数と作業の流れを書き出しておくとよい。

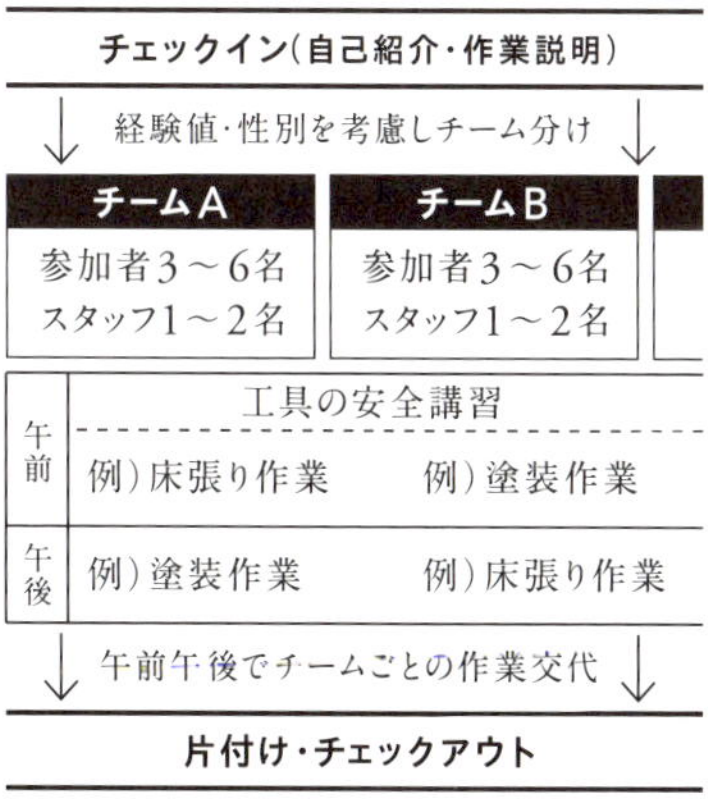
チェックイン（自己紹介・作業説明）
経験値・性別を考慮しチーム分け
チームA
参加者3〜6名
スタッフ1〜2名
チームB
参加者3〜6名
スタッフ1〜2名
工具の安全講習
午前
例）床張り作業
例）塗装作業
午後
例）塗装作業
例）床張り作業
午前午後でチームごとの作業交代
片付け・チェックアウト

ワークショップの流れ

⑤必要な道具と材料を書き出す

工程と参加人数の想定が決まれば、必要な材料と道具を書き出す。材料は、失敗する可能性も踏まえて、最低1割程度は多めに用意しよう。またワークショップ中に、道具が足りなくなるような状況は極力避けたい。十分な材料と道具が当日の朝には準備できていることが、ワークショップを円滑に進めるうえでの必須条件だ。

⑥参加者の募集

想定したメンバーや人数で当日のDIYワークショップを迎えられるよう、告知は早目に行おう。家族や親しい知人だけなら直接の声掛け、より広い範囲

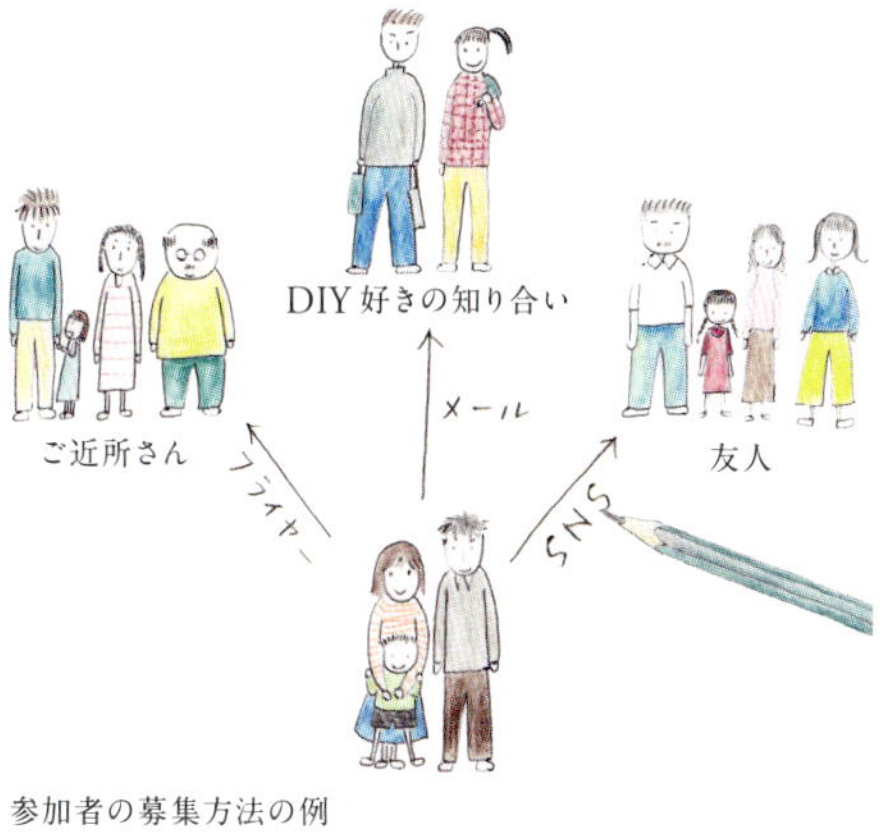

参加者の募集方法の例

に声を掛けたいならFacebookなどでのSNS告知、近所の人に来てもらいたいならフライヤーの配布など、集めたい参加者に合った告知の方法を選ぼう。

Point 作業内容の上級度の設定

DIYでの作業内容を設定する際、参加者の多くが「やったことのない」ことを、少しだけ盛り込もう。「今までできなかったテクニックを習得すること」を参加者は期待しているからだ。初心者が中心なら、道具の使い方を丁寧に教える。上級者中心なら、少し複雑な作業を盛り込むなど、想定する参加者に合わせて作業内容を工夫しよう。

例えば「いすみウッドデッキ」のワークショップでは、参加者ひとりが1本ずつ柱にホゾの墨付けと刻みを行う、上級者向けの工程を盛り込んだ。参加者は「こんなこともDIYでやるの?」と初めは驚いていたが、大工の指導のもと1時間ほどで参加者全員が完成。自ら刻んだホゾが束石の上に立ったときには、特別な達成感を味わった。

Point 道具の数

参加人数が多い場合、道具の持参を参加者に呼び掛けよう。つみき設計施工社のワークショップでは、イベント告知情報の中に、以下の文言を盛り込んでいる。

必須の道具
（当日ポケットに入れてきてください）
・鉛筆
・消しゴム
・メジャー
・カッター

お持ちの方は持参
・インパクトドリル
・手ノコ

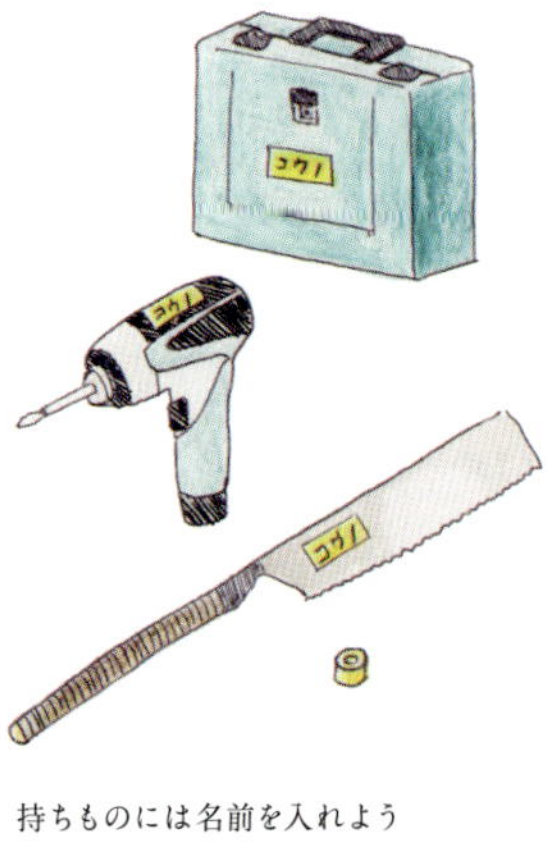
持ちものには名前を入れよう

また、つみき設計施工社が主催するワークショップでは、安全への配慮から、原則として参加者には「丸ノコ」および「スライド丸ノコ」の使用を禁止している。誰でも使用できる便利な工具である一方で、安全な使用のためには正しい知識と技術の習得が必要だ。プロでも大怪我を負うリスクのある工具であることを、常に頭に入れたい。

便利だが技術が必要な丸ノコ

DIYワークショップのチェックリスト

	プロセス	チェックポイント
ヒアリング	1. DIY参加することへの意思確認	□ 意思確認は早い段階で
	2. 基本情報を確認する	□ DIYに関心がないなら無理はしないこと
	何を / 誰と / なぜ / どこで / いつ	□ 依頼主にとって無理のない作業ボリュームで
	DIYワークショップを行うのか?	□ 家族でのDIY参加をオススメしよう
	3. DIYの目的を確認する	□ どうしてDIYするのか?を大切にしよう
設計提案	1. DIYを行う部分を設定する	□ DIY経験値を考慮して工事部分を設定しよう
	2. 目指す仕上げの確認	□ 仕上がりの質感をサンプルや写真を使って共有しよう
	3. 図面や模型で設計内容の確認	□ DIYでできる材料と工法を前提に設計をしよう
	4. 色分けした図面・工程表を作成	□ DIY部分とプロ施工部分を明確に区分しよう
	5. 工事関係者と工事区分を共有	□ 工事関係者にDIY参加の旨を事前に伝達しよう
WS計画	1. DIYでの作業内容と工程を書き出す	□ 素人でもわかるように作業内容を細かく書き出そう
	2. 参加者の想定とスタッフの確保	□ 参加者のDIY経験値を把握しよう
	3. スケジュールの確定	□ 時間のなかで無理のない作業量を設定しよう
	4. チームづくりと場所の確保	□ 3〜6名の参加者に1〜2名のスタッフが目安
	5. 必要な道具・材料を書き出す	□ 道具と材料が揃っているか?で作業進捗が決まる!
	6. 参加者の募集	□ イメージする参加者に合った情報伝達の方法を選ぼう
事前準備	1. 必要に応じて事前施工	□ WS開始後すぐにDIYに取り掛かれる準備を
	2. スタッフミーティング	□ チームごとの作業スペースの確保
	3. 作業環境の準備・道具の配置	□ 作業台などで道具置き場を確保
ワークショップ	1. チェックイン	□ まずは場の雰囲気をほぐそう
	自己紹介/準備体操/プロジェクト	□ チーム分けはあらかじめ想定しておこう
	説明/作業説明/チーム分け	□ 誰のためにつくるのか?を大切にしよう
	2. 工具の 安全講習	□ 工具を安全に正しく使える状態をつくろう
	3. 作業→休憩→作業	□ 休憩前後でチームごとの作業内容を変えよう
	4. 片付け	□ 時間内の完成が理想だが、無理しない
	5. チェックアウト	□ 片付けもみんなで
WS後	1. スタッフで振り返り	□ 課題を見つけて次回の改善につなげよう
	2. 必要に応じて事後施工	□ WS中に終わらなかった残作業の段取りをつけよう

WORKSHOP METHOD 2

DIYワークショップ・実践編

参加者が
ワークショップに
期待すること
1. 技術を学ぶこと
2. つながりをつくること

ワークショップ計画の作成が終わり、材料や道具の段取りができたら、いよいよワークショップの実践だ。必要に応じてプロによる事前施工を行い、ワークショップ当日、円滑にDIY作業に取り掛かれる環境をつくろう。ここからは、事前準備からDIY作業のサポートなど、ワークショップの実践的なノウハウを紹介しよう。

1 事前準備

ワークショップ開催1時間前にはスタッフミーティングを開き、以下の項目をスタッフで共有する。

1 スタッフの自己紹介
2 プロジェクトの概要
3 スタッフの役割分担
4 参加者の人数と属性の把握

次に作業台の準備や、道具の配置を行う。道具をスタッフで持ち寄る場合は、マスキングテープなどで誰のものかを明記しておくこと。

Point
職人の作業とDIY作業は住み分けを

職人による作業とDIY作業を同じ時間に並行して行う場合は、部屋を分けるか、同じ空間なら床にテープを張るなどして、スペースを明快に切り分けよう。道具や材料の配置によって両者の動線が交錯しない計画とすることが重要だ。

2 チェックイン

参加者が集まったら、いよいよワークショップをスタート。主催者からの簡単な挨拶の後は、参加者の自己紹介からスタートしよう。

①自己紹介

参加者が順番に自己紹介を行う。「呼ばれたい名前」と併せて、「参加のきっかけ」や「普段からDIYをやる？ やらない？」など、テーマを決めて話をしてもらう。会の始めは「どんな人が来ているのだろう？」と多くの参加者が緊張している。参加者間の共通点を見つけて緊張感を解きほぐすイメージで場をつくるのが大切。

続いて、スタッフも自己紹介を行う。上記の自己紹介内容と併せて、自分が何のプロなのか（◎◎の職人／◎◎を得意とする設計者など）をわかりやすく紹介しよう。

②ワークショップ概要の説明

今回のワークショップでつくるものを説明する。依頼主から説明すると、なおよいだろう。最終的な成果物のイメージを参加者と共有して、ワクワク感を高めよう。

Point
誰のために、何のために？ を共有

依頼主と参加者が、なぜそれをつくりたいのか？ 製作物は、誰のために、何のために使われるものなのか？ など目的を共有することが大切。製作物ができる前と後で、依頼者の暮らしがどんな風に変わるのかを語ってもらおう。そうすることで、参加者の目的意識が「ただつくる」ことではなく、「誰かのために、一緒につくる」ことに変わるのだ。

③作業の説明

続いてスタッフから、ワークショップの作業内容・流れを参加者に説明する。専門用語はひとつひとつ説明を添えながら、内容を噛み砕いて、ゆっくりと話すこと。実際に使う材料や道具、または建築模型を手元に置きながら説明すると理解されやすい。

またワークショップ主催者で保険に加入している場合はその旨を、していない場合は、けがには自己責任で最大限の注意を払って頂きたいと明確に伝えておくことが大切だ。

Point 初心者への配慮

DIY初心者は、経験のない自分が参加してもよいものか不安を感じていることが多い。初心者でもできる作業であること、失敗してもよいこと、経験者は初心者に教えてあげてほしいこと、を伝えよう。

Point 安全への配慮

危険な道具は参加者には触れさせないこと、工具の安全な使い方を指導することなど、主催者として安全には最大限の配慮をする。

④準備体操

作業に入る前には、準備体操を行おう。YouTubeなどでラジオ体操の音楽を流すと盛り上がる。けがを防止すると同時に、緊張感をほぐす効果もある。

準備体操にはラジオ体操がオススメ

3 チーム分け

作業に入る前に、チーム分けを行う。チーム数と人数の設定はあらかじめ計画しておくこと。3～6名程度の参加者＋1～2名のスタッフの編成でチームをつくるとまとまりやすい。チーム編成の際には、以下の事柄に配慮する。

【初心者と上級者】

明らかに経験者とわかる参加者が複数いる場合は、異なるチームに分散させる。

【男性と女性】

男性と女性をバランスよく分散させること。DIY作業では男女で得意な作業の分野が顕著に分かれる（例えば男性は力仕事が得意で、女性は緻密な仕事を得意とする傾向に）。男女混成チームのほうが助け合いが起こりやすく、チーム作業がスムーズに進むのだ。

【スタッフの配置】

参加者のチーム分けが決まった後は、スタッフを配置する。スタッフの技能の高さや得意不得意を考慮しよう。経験の浅いスタッフが1チームを担当する場合には、上級者がいるチームに配置するなどして、バランスを取るとよい。

【フリースタッフの配置】

どのチームにも属さず作業全体を見る、フリーな立場のスタッフも必要。現場経験年数の長いスタッフが適している。

フリースタッフの役割は、とくに以下の事柄について確認しながら、改善を促すこと。

- **うまくチームに入れていない参加者がいないか**
- **スタッフの手が足りていないチームがないか**
- **作業のスペースは足りているか**
- **安全上の問題がないか**
- **途中参加者がいないか**

また参加者の上達を誉めたり、アドバイスするなど、声を掛けて回り、楽しく明るい雰囲気づくりに務めるのも大事な役割だ。

チーム編成ができたら、いよいよ作業をスタート！

4 作業スタート

各チームでの作業が始まる前に、スタッフによる作業のデモンストレーションを行う。例えば床張り作業なら、まず初めにプロの大工職人による実践を全員で見て学ぶ。このときに、道具の使い方も併せて説明しよう。実際の作業に入る前に参加者全員が工具を正しく安全に使用できる状態をつくろう。

Point

道具の練習コーナーをつくる

参加者に初心者が多い場合は、端材などをあらかじめ用意して、道具の使い方を練習するコーナーをつくるのもよい。

端材を使った練習コーナーをつくろう

中島工務店 tokyostyleでの床張りワークショップの様子

デモンストレーション後は、チームごとの作業をスタートさせる。作業中は以下のことに注意しよう。

【作業は、ゆっくりと】

「今日はゆっくりと作業をしましょう」と参加者に伝えよう。急いで作業をして、成果物を早くつくるのではなく、丁寧に手を動かして作業を楽しむ時間であることを共有したい。

【参加者が多いときはペアを】

スタッフの人数に対して参加者が多いとき、参加者ひとりひとりの作業をしっかりと見守れないケースがある。作業が雑になったり、設計通りに成果物ができないなどのリスクがあり、注意が必要。その際の対処は、2パターン考えられる。

対処パターン①

チームのなかでふたり1組のペアをつくり、教え合って作業をする体制を取る。ペアも組み合わせを見ながら、定期的に組み替えること。

対処パターン②

経験者がチームにいる場合には、「一緒に教えてあげてください」と声を掛け、承諾が得られれば、スタッフ側に回ってもらう。スタッフと経験者がタッグを組んで、参加者の指導にあたる。ほかの参加者が作業に慣れてきたら、参加者側に戻ってもらう。経験者は自分の技術が評価されていると感じ、喜んで協力してくれる場合がほとんどだ。

【途中参加者が入る余地を】

ワークショップ開始時間に参加予定者全員が揃うことは稀だ。途中参加者がいることをあらかじめスタッフで共有し、どのチームに入ってもらうかを想定しておく。

すでに空気の暖まったチームに、途中から参加するのは勇気がいるもの。チームを担当するスタッフが、途中参加者に対して歓迎のムードをつくることが大切だ。自己紹介を促したり、作業の内容を説明して、輪のなかにスムーズに入れる雰囲気づくりに務めよう。

Point 道具の置き場所

とくに参加人数の多いワークショップでは、道具が散乱してしまうケースが見られる。専用の作業台を用意し、道具置き場をあらかじめ設定する。道具を使い終わった後は、その場に放置するのではなく、道具置き場に必ず戻すことを参加者に伝える。ワークショップを通して、技術だけでなく「道具を大切にすること」も伝えよう。

5 休憩時間

1時間半~2時間に一度は、休憩時間を必ず取ること。スタッフが声を掛けて、15~30分は全員が手を止める時間をつくる。集中力低下による怪我を防止するためだ。

昼食の後、チームの組み替えをするのもよい。参加者の多くは、ワークショップを通して、ほかの参加者とつながることを期待している。午前の作業の様子を見て、バランス良くチーム替えをしよう。

いすみウッドデッキワークショップにて。製作中のウッドデッキでお昼休憩

6 完成

ワークショップも後半になると、さまざまな共同作業や休憩時間での交流を経て、参加者も作業に慣れ、関係性も深まる。スタッフも参加者と一緒になって、高まっていく場の熱気を楽しもう。

①ワークショップの終わり方

事前に計画した成果物の完成を目指して作業を進めていくが、実際は、参加者やスタッフの経験値・天候などによって変動し、思い通りには進まないものだ。フリースタッフは常に全体の作業進捗を見ながら、想定通りの成果が上がるかどうかを判断する。

【想定した目標に間に合わない】

どうしても時間内に完成できないこ

ともある。最後の休憩時間など、できる限りの早い段階で、達成の可否の判断を下すことが重要。間に合わないと判断したときは、次のように対処しよう。

1 目標の変更

フリースタッフは、間に合わないと判断した時点で、進捗度と参加者の疲労度を見て、達成目標を変更する。当初の計画に固執して無理をすると、作業が雑になったり、怪我の発生につながるため、柔軟な変更が必要だ。目標を変更したら、その旨をスタッフと参加者にアナウンスする。

2 プロが動く

ワークショップ後半にスタッフ自身も作業に加わり、作業スピードを上げるのも手だ。「ワークショップ後半はスタッフも一緒につくっていきます！」などの声掛けをして、参加者を焦らせないよう、一緒に作業をしながら一丸となった雰囲気づくりに務める。

作業スピードを見ながらプロも動く

Point
参加者とスタッフが一丸となること

作業終了時に参加者とスタッフ全員で味わう「達成感」は、満足度の高いワークショップをつくるために欠かせない要素だ。達成目標やスタッフの役割を柔軟に変更しながら、目標達成に向かって一丸となる雰囲気づくりを行おう。

【想定よりも早く成果物が完成】

終了時間が多少早まる程度なら、休憩時間や終了後の交流時間を延ばすなどして対応すればよい。予定時間の半分で完成してしまうなど、大幅に早まってしまうことも頻繁に起こる。早く完成し過ぎて参加者が時間をもて余すことがないように、第2、第3の作業をあらかじめ用意しておくことが必要だ。

例えば、ウッドデッキ床張りワークショップの場合。2日目の目標は「床張り」の完成だったが、実際には参加者の経験値が高く、前半だけで床張りは完了。そのため、次の工事で予定していた「やすり掛け」や「塗料の塗布」を後半の追加作業として行った。このように、想定の成果物以外で、1～2種類の作業を想定し、道具や材料を手配できている状態が理想だ。

7 チェックアウト

すべての工程完了後には参加者とスタッフはひとりひとり感想を発表しよう。その際、スタッフが作業プロセスや成果物に対して感じた課題も率直に伝えることで、次につながる、学びのある場として締めくくることができるだろう。

いすみウッドデッキワークショップにて。完成後の乾杯！

CASE 2

OSAGARI

子どもたちとともにつくる

「OSAGARI」は、子ども服リユースの専門店。

1児の父でもある店主さんは、ものを大切に受け継ぐ文化を残していきたい、という熱い想いからこのお店を始められました。

〝使い捨てではない、地域に愛され、大切にされるお店づくり〟。

それは自然と湧き上がってきたテーマでした。

私たちは、お店づくりに近隣の親子を巻き込むことを提案。施工の一部を子どもたちとのワークショップで仕上げる計画を進めていきました。

子どもたちとのワークショップの風景

子どもの可能性は予測不能で無限大

お店づくりのプロセスは「子ども向けの工作の教科書」をつくるかのように、考えていきました。

子どもたちがペンキを塗る部分は、色むらが味として生きるデザインとしたり、子どもたちが自由に個性を発揮しながらも全体としてまとまるよう、配色やつくり方を工夫したり。

全体のデザインは、楽しくておしゃれな北欧の森。

こうして生まれた空間は、子どもたちの手を介すからこそできる、美しく、あたたかみのあるものとなりました。

holy!

ワークショップ計画

OSAGARIのワークショップは、子どもたちの夏休み期間を利用し、全4日、1回の作業時間を2〜3時間程度に設定し、DIY計画を立てました。

天井には鳥のディスプレイ

キッズスペースはカラフルなカーペット

店内サインも可愛らしく

子ども用トイレにも木のディスプレイを

木のディスプレイの組み立て

天井に吊るす鳥を製作

1｜お店のディスプレイをつくろう！

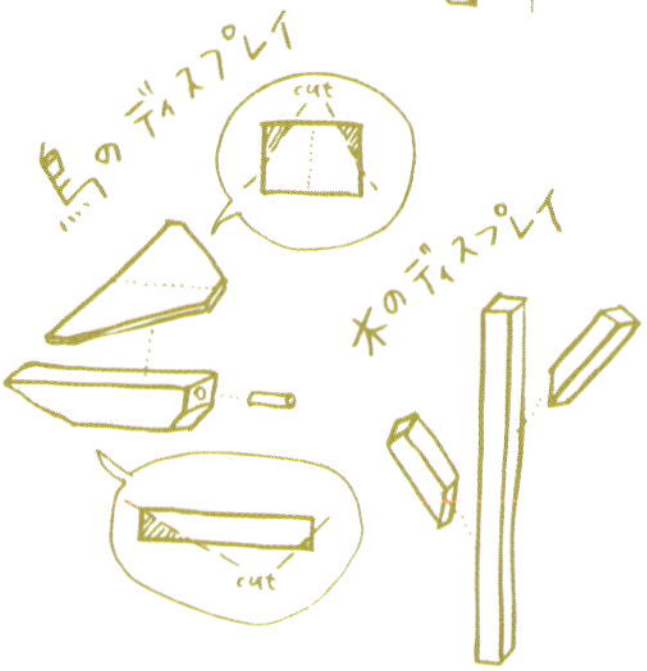

1日目のワークショップでは、天井から吊るす森の木々と鳥のディスプレイなどを制作。木々の制作は、あらかじめ切り出しておいた木材に柿渋塗装で塗装を施し、ボンドを用いて組み立てました。鳥の制作は、切り出した木材をボンドで組み立てていく簡単な作業。余分に用意しておいた木材でトイレ内に木のディスプレイも制作しました。

ひとつひとつ丁寧にペンキを塗る子どもたち

ハケで色をのせ、ウエスで拭き取る

2 腰壁を塗ろう！

2日目の作業は、数色の塗料を羽目板に塗装する作業。使用する材料には可能な限り健康面に気を使い、今回は柿渋と自然顔料を原料とする塗料を選定。ウエスで拭き取る方法で塗りムラの少ない仕上がりとなりました。乾燥後、配色がバラバラになるよう配慮しながら、大工さんが腰壁として留め付けていきました。

塗装した羽目板を腰壁として施工

ペンキは茶系を中心に、アクセントに緑色をセレクト

ペンキを塗ったパーツをビニールシートの上に並べて乾かす

3 小屋の屋根を塗ろう！

3日目は小屋の屋根を塗る作業。あらかじめ切り出した小屋（試着室）の屋根を柿渋塗料で塗装していく作業を行いました。塗料での塗装作業もこの日で3日目。連日参加の子どもたちは慣れた手つきでゆっくりと丁寧に、仕上げていきました。塗るのは薄い板材ですが、小口までしっかり色をのせて完成！

少々の汚れは気にせず楽しく塗り塗り…

パーツを並べて施工された小屋の屋根

完成した看板

自由にチョキチョキ

4 看板をつくろう！

4日目は看板づくり。店舗内で使用した壁紙で葉っぱや植物を自由に制作したものを既製品の立て看板に貼り付けていき、最後にあらかじめ用意しておいたロゴを貼り付けて、看板を制作しました。壁紙の色味を限定することで、子どもたちが自由に個性を表現しながらも、全体としてまとまりのあるデザインにすることができました。

個性豊かな可愛らしい葉っぱたち

WORKSHOP METHOD 3

子ども向けワークショップ

子ども向けのワークショップでは、コミュニティビルド・ワークショップのノウハウのほか、より安全に、また子どもたちに飽きずに楽しんでもらうための工夫が必要になる。ここでは「OSAGARI」での改装ワークショップをもとに主催者が心得るべきノウハウを紹介しよう。

1 ワークショップ計画

計画から運営までの大きな流れのノウハウは28〜43ページで解説した「DIYワークショップ・計画編／実践編」を参考に。子ども参加ならではのノウハウや注意点などをここでは解説しよう。

① 子どもたちがつくるための設計

ワークショップを通し、子どもたちがつくる範囲を設定する。切る・貼る・塗るなど、シンプルな工程の組み合わせでつくれるものを設計する。子どもたちの手でつくられる工作物のランダムさ、自由度を許容しながら、それらが集合することで生まれる豊かな空間をイメージしよう。

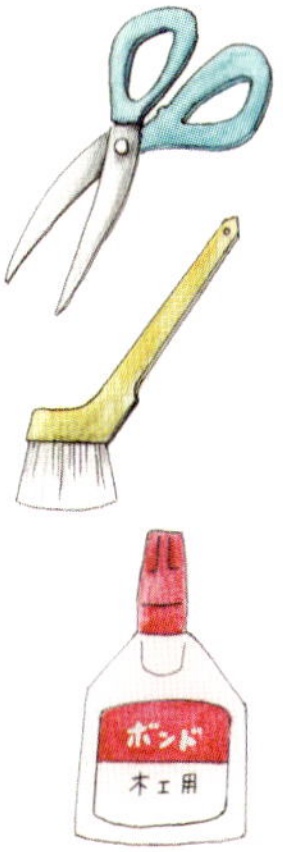

事例1　木材を使用した店内装飾

あらかじめランダムな長さにカットした角材を、子どもたちが好きな色で塗装した。ウエスで塗装し拭き取る方法なら、塗りムラも少ない。塗装が乾いた後、木工用ボンドで張り合わせ、スタッフが細ビスで補強した。ワークショップを通じて15個の違う色・形の木が完成した。それらを天井から並べて吊ることで、ランダムさと規律性のあるインテリアをつくった。

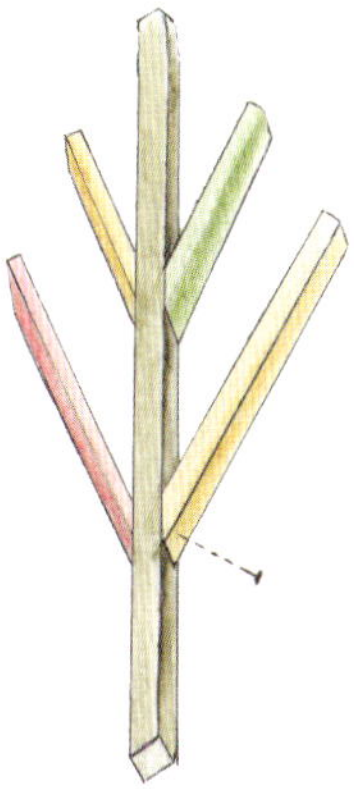
スタッフが細ビスで補強

子どもたちが製作した店内装飾

事例2　壁紙を使用した店舗看板

子どもたちが店内内装で余った壁紙を自由な形にハサミでカット。みんなで貼り合わせたら、最後にスタッフが店舗ロゴをはめ込んで看板が完成。内装に使用した壁紙から材料を選定することで、空間との統一感や、デザインバランスをある程度確保することができる。

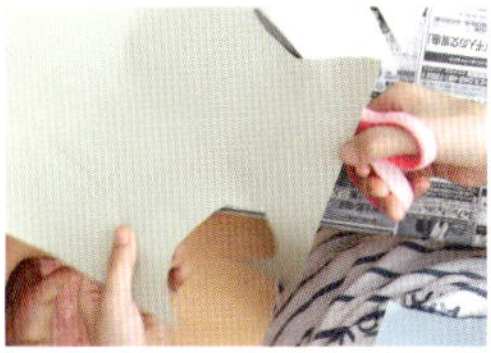
壁紙は扱いやすくてオススメの材料

みんなとつくった店舗看板

②ワークショップ日程

子どもたち向けのワークショップ開催中に、同じ空間でほかの工事を同時進行することは、安全面・健康面への配慮から避けたい。開催日程を決定したら、子どもたち対象のワークショップが現場で開催される趣旨・日程を、工事関係者に明確に伝える。

③ワークショップ当日のスケジュール

大人対象のワークショップなら終日開催で問題ないが、子どもたちが主体の場合は、半日以内の開催が適切だ。子どもたちが作業途中で飽きてしまわないよう、単一の作業が一定の時間以上続かないようにする、休憩をこまめに挟むなど、スケジュールを工夫しよう。

④チームビルディング

子どもたち対象のワークショップでは、運営サポートスタッフは多いほうがよい。OSAGARIでのワークショップでは、依頼者である店主ご一家・ご友人に協力していただいた。

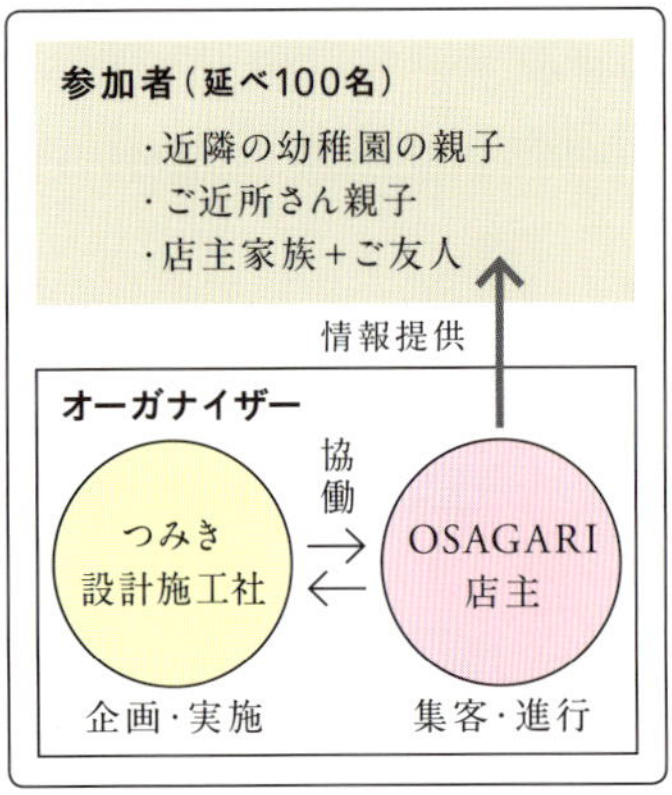

OSAGARIでのワークショップ運営チーム図

左上の運営チーム図からわかるように、依頼者である店主が運営チームの一員となり、一緒になってワークショップを提供する立場にあることが特徴なのがわかる。店主の奥様、近所のご友人家族もまたサポートスタッフとして運営に携わった。

Point
材料の安全性

不特定多数の子どもたちが参加する場合は、塗料などの材料に健康面の問題がないか、配慮をしよう。OSAGARIでのワークショップでは、柿渋と自然顔料を原料とする自然塗料を使用した。

2 事前準備

現場の安全確認を徹底すること。ワークショップ前日までに、工具を一カ所にまとめてテープで囲うなどして、大人だけが出入りできるエリアを設定する。丸ノコやスライド丸ノコなどは、必ず電源から抜いて手の届かない場所に置くこと。

3 チェックイン

ワークショップでは作業説明や先生紹介からスタート。できるだけ簡潔に、子どもたちにもわかるようにゆっくりと伝える。経験の長いスタッフというよりも、子どもたちと話し慣れているスタッフが向いている。

完成予想図の例

OSAGARIのワークショップでは、その日つくるものの完成予想図を大きな絵にして説明を行った。

Point 子どもたちと「お約束」を

走り回らない・入ってはいけない場所がある、などワークショップでの「お約束」を子どもたちに伝えよう。

Point 写真撮影の許可

子どもたちが参加するワークショップでは、写真の撮影・使用の許可を必ず確認すること。とくに子どもの写真にはナーバスな保護者が多いので注意しよう。

4 チーム分け

大人向けのワークショップ同様、参加者3～6名のチームに対して、1～2名のスタッフを配置しよう。難しい作業がある場合、刃物を使う場合は、保護者同伴のもと作業を進めるなど、子どもたちの安全確保を最優先に考える。

5 作業スタート

作業の前には必ず道具の安全講習を行う。作業のコツを、先生役のスタッフが実演しながら、しっかりと伝えよう。先生役のスタッフやサポートスタッフは、子どもたちの作業を見守りながら、ときには手を取って、正しい道具の使い方を教えること。子どもたちに工具の正しい使い方を学び、体験してもらうことはワークショップの最大の目的のひとつだ。

6 完成

子供たち主体のワークショップでは、作業進捗が最も予測しにくい。想定した作業達成目標に固執することなく、無理をさせない。子どもたちが工作にチャレンジすること、一生懸命に作業する時間を楽しんでもらうことを優先しよう。

Point 手づくりのお土産

現場で出た端材を使って、自分でお土産をつくっていただくのも喜ばれる。

お土産用のコースターの製作

オリジナルバッグに入れてプレゼント!

つみきだより1

つみきの制服

つみきの制服は、オリジナルの積み木柄のTシャツ。打ち合わせにも、現場作業にも、つみき設計施工社の名刺代わりの制服です。

2 プロフェッショナルの技術に学ぶ

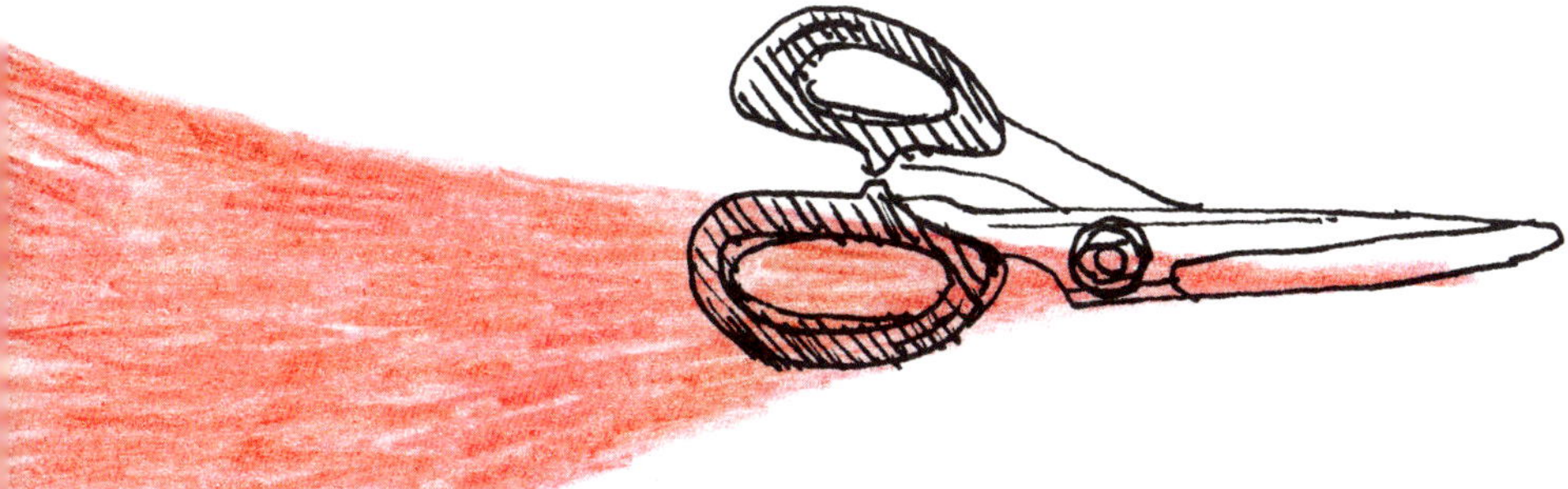

ここ数年、週末などにＤＩＹを楽しむ人が増えています。ＤＩＹや家づくりの技術は奥深く、学んでも学んでも上達の余地があるのが、面白いものです。私たちは、ともにつくる現場を通し、趣味のＤＩＹの域を越え、職人さんの世界に触れながら技術を学ぶ機会をつくることを大切にしています。

あかぎハイツを仲良く家族で経営している赤城夫妻

CASE 3

あかぎハイツ

大家さんとともにつくる

「あかぎハイツ」の3代目管理人、赤城芳博さんとの出会いは、千葉県松戸市で行われたまちづくりイベントでのこと。

お話を伺うと、祖父から受け継いだRC6階建ての古いマンションにDIYで手を加え、家賃を抑えつつ住み手が喜ぶ住まいを提供している、という、大家さんの鑑のような方でした。

これまでのDIYを超えた技術とアイディアで、あかぎハイツに新しい風を吹かせたい、と内装施工の相談をいただき、プロジェクトがスタートしました。

完成後、蜜蝋ワックスで仕上げた床

床板を施工中

Point　メープルの床板

大工の忍田棟梁の指導のもと、赤城さんと床板を張りました。打ち合わせの初期段階で数種類の床材のサンプルを見比べ、広葉樹のなかでも明るい表情のメープルをチョイス。

子育て家族のための特別な一室

この一室には、小さな子どものいる若いご夫婦を入居者に想定。子育てに適した環境をとことん考えた計画を進めました。

Point　子ども用の小さな扉

子ども部屋入り口の高さ1m程度の小さな扉は
古材屋さんをめぐって赤城さんと探しあてたもの。

楽しくて可愛い子ども部屋の様子

小さな扉は取手の高さも子ども用に

ペニンシュラキッチンはリビングで遊ぶ子どもを見ながら料理ができるよう配置を工夫したり、洗濯回数の多い子ども服はすぐに乾かせるよう、物干し場としてサンルームをつくったり、汚れやすい腰下部分の壁紙は、簡単に取り替えられるような仕様を考えたり。子ども用の小さな扉の向こうは、可愛いカーペットタイルの敷き詰められた子ども部屋。

ワクワクしながら子育てができるような、楽しい部屋ができあがり、程なく、イメージどおりのご夫婦が入居してくださいました。

MEMBER INTERVIEW 1

〝ともにつくる〟ことで大工の技術を残していく

―忍田 孝二　―和建築工房

聞き手：河野直

近年、ホームセンターなどで、さまざまな資材や道具が手に入るようになり、素人でもDIYでできることが増えていますが、できることが増えれば増えるほど、職人さんにはかなわないと思い知らされるもの。

私たちの現場では、依頼主にも工事にDIYで参加いただく日を設けますが、職人さん、とくに大工さんの仕事を身近に感じてもらうこともその大切な目的。よい建物をつくるためには、確かな技術、そして職人さんの建物への愛情なくしては成り立ちません。

いつも本気で、そしてときに柔軟に、私たちと道をともにしてくださる忍田さんは、今やつみき設計施工社になくてはならない大切なパートナー。2012年から2017年までのすべてのプロジェクトの棟梁として活躍しています。

そんな忍田さんに、つみきと共通する、〝ある想い〟についてお聞きしました。

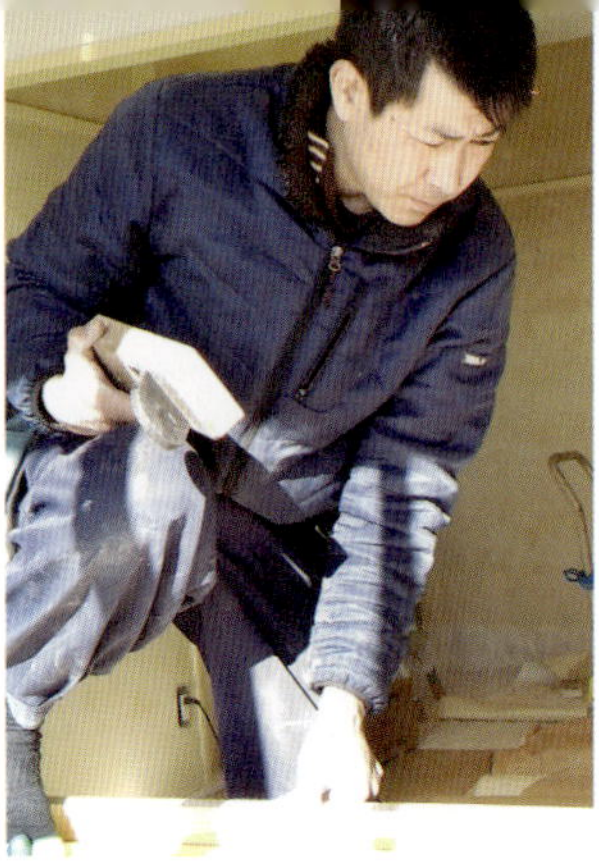

大工

忍田 孝二／和建築工房

1974年埼玉県川越市生まれ。父の経営する工務店で大工としての修行を積む。異分野への興味から3年間福祉の仕事に従事し、再び大工の道を歩む。2015年、和建築工房として独立。二級建築士、インテリアコーディネーター、福祉住環境コーディネーター2・3級、パーマカルチャーデザイナー。現在、つみき設計施工社の棟梁として、大工工事のほか、ワークショップでの講師を務める。

もともとつみきの仕事には興味があったから、ふたつ返事で引き受けた

直　まず、忍田さんとつみき設計施工社が一緒に仕事をするようになったきっかけを紹介したいと思います。忍田さんとは、２０１１年の春頃、畑を耕す市民活動で知り合ったんですよね。忍田さんの指導のもと、みんなで畑作業に使う作業台をつくったことがきっかけで、親しくなった。

　当時、忍田さんはご実家の工務店の仕事と、個人で受ける仕事の両方をされていたんですよね。

忍田　そうですね。諸々の事情で、実家の工務店をそのまま引き継いでいくのは厳しかったので、大工として大きな組織に就職するか、個人で独立するか、将来を悩んでいた時期でした。

直　その頃、つみきは創業したばかり（２０１０年10月創業）で、大工仕事は僕が大学時代から町屋改修アルバイトでお世話になっていた相良昌義さんにお願いしていて。２０１２年冬頃から、相良さんが本業の宮大工の仕事で忙しくなって、ほかの大工を探す必要が出てきたとき、忍田さんのことを思い出して。２年ぶりに電話をして、仕事を依頼したんです。

忍田　河野さんからの電話を受けた日というのが、やはり大きな工務店に就職したほうがいいんじゃないかと、転職希望先に電話を掛けようとした前日のことでした。

直　おお。あれは運命的な電話だったんですね！

忍田　もともとつみきの仕事には興味があったから、ふたつ返事で引き受けましたよね。で、

2011年、出会いのきっかけとなった作業台づくりワークショップ

その後3年くらいは家業とつみきの両方の仕事をこなしてた。

直　2015年頭には、つみきへの仕事の依頼がすべて応じきれないほど増えていたので、忍田さんに埼玉から千葉に来ていただき、本格的に一緒にパートナーシップを組んでいただくことにしたんですよね。

ワークショップでは職人のものづくりの世界を共有してもらえる

直　忍田さんは、DIYワークショップの役割って、どんなことだと捉えてますか？　一般の方にとってDIYやモノづくりを自分の手で始めるのは、すごく楽しいし、素敵なこと。さらに職人と一緒に作業をしてもらうことで、その奥深さや彼らの技術に素人は到底追いつけないんだと気づいてもらう、貴重な機会になっていると僕は思います。そしてその先には、日本が育んできた職人文化への発見があるんじゃないかと考えています。

忍田　今の時代、昭和までは残っていたような、大工を含めた職人の技術に対する理解が、世の中にほとんど残っていないような気がしています。

いわゆるお抱え大工のような文化がなくなって、職人との接点がなくなっていることも原因のひとつじゃないかな。

このままだと、日本の大工技術は途絶えてしまうんじゃないか、という危機感があるのですが、ワークショップで職人技術に触れていただくことで、少なくてもその技術について知ってほしいですね。

忍田棟梁とともに入る施工現場では学びが多い

直　昨今のDIYムーブメントだと職人による施工と、素人のDIYは切り離されていますが、僕はひとつの世界にできると思っているんです。分断されないひとつのものづくりの世界をDIYワークショップでは体感していただきたい。

きちんとした技術をもつ人間が教える場をつくることで、ただのDIYという枠に収まらない、ものづくりを学ぶことのできる場をつみき設計施工社はつくりたいと思っているんです。

忍田　そうだね。僕も直さんと、一緒のビジョンを見ていると思う。

直　それからワークショップでは、講師（職人）と生徒（素人）という立場の違いだけでなく、年齢や職業の違いから感じる無意識の区別みたいなものが、一緒にものづくりをしたり飯を食べたり、酒を飲んだりすることで、溶けてなくなるような気がしています。いつのまにか自然と分かり合え、あったはずの壁がなくなってる。そういう場って、ありそうでいて、それほどないんですよね。

忍田　職人文化を伝えるためにも、職能の違いを超えて人間としてわかりあう場としてもこの活動は貴重だし、続けていきたいと思っています。

2016年1月南房総にて行った古民家断熱改修ワークショップにて参加者と。写真中央が忍田棟梁

WORKSHOP METHOD 4

左官壁塗りワークショップ

珪藻土塗りや漆喰塗りなど、誰でも取り組みやすいと思われがちな左官作業。一般向けに販売されているDIY用の材料や道具も多く、取っつきやすいのも事実だが、技術をもった指導者の有無によって、仕上がりに大きな差が出る作業でもある。

ここでは左官職人marumo工房の金澤萌さんのアドバイスをもとに、珪藻土や漆喰による左官壁塗りワークショップのノウハウについて紹介しよう。

1 ワークショップ計画

壁塗りの過程を楽しみ、かつ満足できる仕上がりとするためには、さまざまな事前の見極めが重要だ。依頼主との打ち合わせを設け、しっかりと計画を立てよう。

①仕上げの状態の確認とサポートスタッフの選定

目指したい仕上げのイメージを、依頼主と共有することが大切だ。それによって、ワークショップの目的・構成もまったく異なるものになる。

ワークショップケース1
仕上げの質は低くとも、みんなで楽しく塗ることを優先する

ワークショップケース2
参加者がすべて塗るが、指導者のもと、最大限の丁寧な仕上げを目指す

ワークショップケース3
参加者による左官体験の後、最後はプロが仕上げる

後者のケースになるほど、経験値の高い指導者・技術のある左官職人による指導が必要となる。目的に合わせて、サポートスタッフの選定を行おう。

②施工範囲の決定

壁塗りする範囲を決定する。参加者の経験値によって塗り進むスピードが大きく異なるため、初心者が多い場合は、施工範囲を少なめに設定して、丁寧にゆっくりと塗っていくよう指導しよう。

③下地の見極め

壁面下地の状態によって、左官材を塗る前に行う「下地処理」の方法が異なる。下地の見極めの概要は以下の通り。

【繊維壁・京壁・砂壁】
古い繊維壁・京壁・砂壁を水（や剥離剤）で剥がして塗る。カビや、剥がれ落ちそうな様子、浮いている様子がないなど、状態が良ければプライマーで表面を固めて、上から仕上げを塗ってもよい。

【クロス壁】
クロス（壁紙）の下地が石膏ボードの場合、クロスの上からタッカーを打つことで剥がれにくくしてから、左官仕上げを行う。下地がコンクリート躯体の場合はタッカーを打てないため、クロスを剥がしてから左官仕上げを行う。このとき、クロスの薄紙も一緒に剥がそう。

④材料の選定

さまざまな左官材料があるが、珪藻土や漆喰が手に入れやすい。ホームセンターなどでもＤＩＹ向け左官材料が販売されている。

【珪藻土】
湿度の高いところでは湿気を吸収し、低いところでは湿気を放出する調湿機能をもつ。窓のない洗面所などでは、湿気を吸いっぱなしになり、カビの原因になるため適さない。

【漆喰】
湿度の調整機能はあるが、珪藻土ほ

どではない。真っ白で清潔感のある左官壁をつくることができる。強アルカリ性のため、カビが生えにくく、カビに悩む住宅に塗るなら漆喰がオススメ。ただし、素手での施工は手荒れしてしまう。また、目に入ると刺激が強くすぐに洗い流す必要があるため、子どもが参加するワークショップには向かない。

自然素材の代表例として知られる両材料だが、製品によって原材料と性能が大きく異なる。素材にこだわる人は、原材料まで着目しよう。

⑤道具の準備

必要な道具

・左官コテ
・コテ板
・バケツ×3個
・コテを洗うブラシ
・養生シート（ロール）
・マスキングテープ
・マスカー

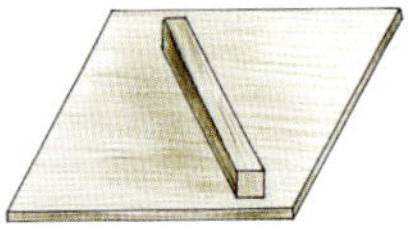

コテ板。端材などを使い簡単につくることができる

2 事前準備

塗り直しや清掃などの手間を最小限に抑え、当日の作業をスムーズに進めるため、事前準備をしっかり行おう。

①床の養生

まずは塗る部屋にある家具などを、できる限り塗らない部屋に移動する。ものがなくなったら、床の全面養生を行う。壁から少し離し（幅木がある場合は幅木まで）、養生シートを全面に敷いて、養生テープで留め付ける。マスカーによる養生はまだ行わない。

②下地処理

下地処理の工程はワークショップ中に行う場合と、事前準備で完了させる場合がある。剥がし作業やタッカーの止め付け作業など、下地の状態に応じた処理を行う。完了したら清掃を行い、床のゴミを一度完全に撤去する。このとき、養生シートは敷いたままにしておく。もしくは完全撤去後、全面に再度、床の養生を行う。

③左官材料の準備

コネ場をつくる。コネ場とは、材料を練ったり、コテをバケツの中で洗ったりするための場所だ。水を多く使うので、床の養生の上にさらに厚手のブルーシートを敷く。またコネ場には、三つのバケツを用意しよう。ひとつはブラシでコテを洗うため。ひとつは清水を入れて、材料の硬さの調整に用いるため、もうひとつは材料用だ。

コネ場の準備ができたら、メーカーの説明書に従って左官材料を練り始める。

練るために必要なマゼラや攪拌機はホームセンターでも貸し出しを行っている。ほとんどの左官材料が塗り始める前に寝かす時間を要するため、練り始めの時間に注意しよう。

3 ワークショップ本番

参加者とスタッフの自己紹介と作業内容の説明が終わったら、いよいよ作業をスタート。

①養生

養生には大きくふたつの目的がある。ひとつには、塗らない場所が汚れるのを防止すること。もうひとつは左官材料を塗る場所と塗らない場所の境界線を、きれいに仕上げるためだ。

壁をきれいに仕上げるうえで、丁寧な養生は欠かせない工程。ワークショップ参加者にも、このことをしっかりと伝えてから作業をスタートさせよう。

養生は「天井↓壁／窓／建具／柱↓床」の順番で行う。脚立などで剥がれやすい床の養生を、最後に行うのがポイントだ。養生は次の手順で行う。

【汚れ防止のためのマスキングテープを貼る】

塗る面から1cm離れたところに、マスキングテープを貼る。この次の工程で貼るマスカーの粘着力がたいへん強いため、マスカーを直接木部に貼ってしまうと、剥がすときに木部の表面を荒らしたり、塗装を剥がす恐れがある。そのため、まずは粘着力の弱いマスキングテープを貼り、その上からマスカーを貼る。

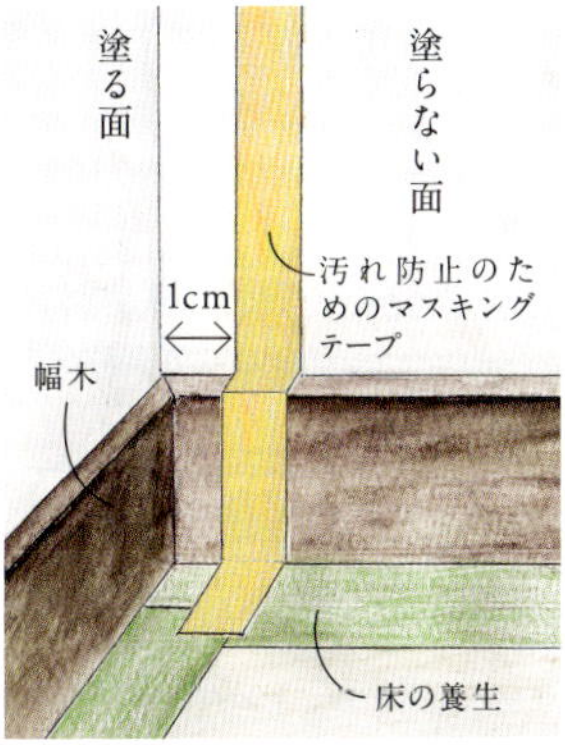

汚れ防止のためのマスキングテープの貼り方

【マスカーを貼る】

マスキングテープ同様、塗る面から数mm離れたところにマスカーを貼る。マスカーのカットは手で行わず、カッターかハサミを用いてまっすぐに切る。シートを広げて、塗らない面をシートで覆う。

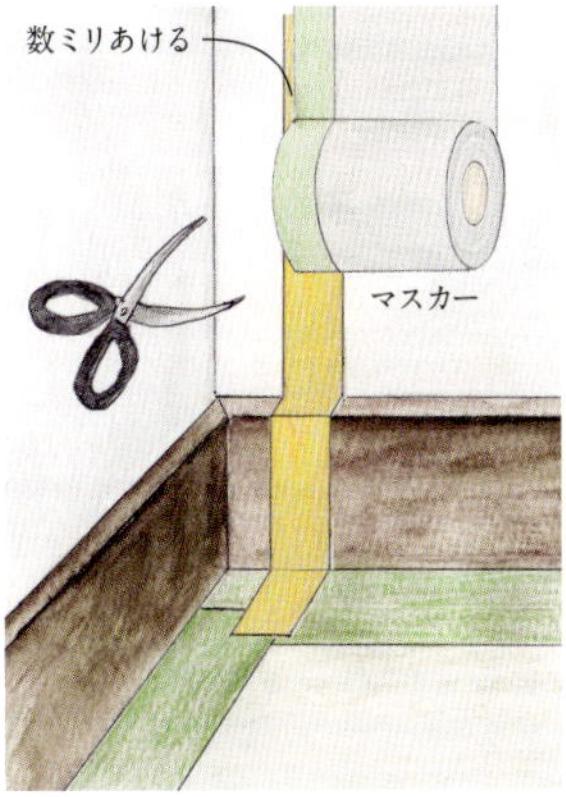

マスカーの貼り方

【境界線をきれいに仕上げるためのマスキングテープを貼る】

最後にもう一度境界線をきれいに仕上げるためのマスキングテープを貼る。塗る面から塗り厚を見込んだ2～3㎜程度の隙間をあける。隙間をあけずに貼ると、テープを剥がすときに、際の左官材料も一緒に剥がしてしまうので注意しよう。またテープが面に密着するよう、指や爪でしっかりと押さえること。この工程で塗る場所と塗らない場所の境界線が決まるので、丁寧にゆっくりと行おう。

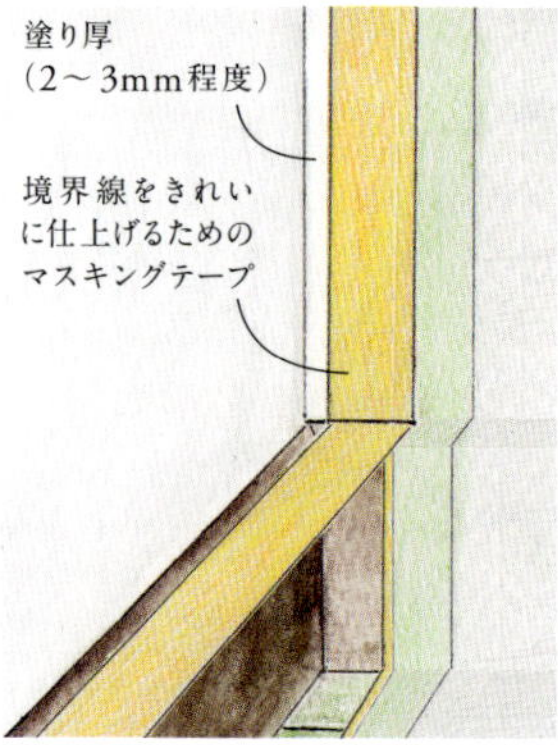

境界線をきれいに仕上げるためのマスキングテープの貼り方

エアコンやスイッチ・コンセント（できればカバーを外した状態に）なども忘れず養生しよう。

Point
木部の養生を徹底

漆喰を塗る際には、とくに木部の養生を徹底する。強アルカリ性の漆喰が木部に触れると、紫色のシミができてしまう。万が一、シミができてしまった場合は、酢などの酸性液をシミ部分に染み込ませると、シミの色を多少消すことができる。

② 道具と材料に慣れる練習

養生が完了したら、塗り作業の練習を始める。まずは、いきなり壁を塗り始めるのではなく、道具と材料の取り扱いに慣れるため、「コテ返し」の練習を行う。コテ板にのせた材料を、手首を返して、コテにのせるシンプルな動きだ。まずはスタッフが実演して、コテ返しが上手にできるようになった人から順に、壁塗り作業を割り振ろう。

Point
コテ返しは習熟度のバロメーター

コテ返しを練習する様子を見て、参加者の作業の慣れを確認する。左官作業の経験者がいれば、大きな壁面の作業を割り振る。初心者には小さな面を割り振る。またできるだけ上部にある面から割り振ろう。先に下部を仕上げてしまうと、その後、上部を塗っているときに体や脚立が当たり、何度も補修しなくてはならなくなる。

③ 壁塗りスタート

各々の参加者が塗る壁面が決まったら、いよいよ壁塗りをスタート。スタッフが実演して、どれくらいの厚み・ラフさで仕上げるのかを参加者に伝える。

右利きの人は、割り振られた面の「左

上」から塗り始める。壁塗りが始まったら、スタッフは参加者ひとりひとりの様子を見て、声を掛けたり、うまく塗れていない参加者の手を取って教えるなど、サポートに徹する。

・厚みは問題ないか
・塗った後も下地が見えていないか
・コテ跡のラフさは問題ないか

上記を意識して、仕上がりのアドバイスをしよう。仕上がりがあまりにラフな場合は、最後にスタッフが実演として仕上げ直すケースもある。

Point
作業用上履きの持参

参加者には、作業用の上履きを用意してもらう。壁塗りを行う部屋では作業用上履きを履き、部屋を出るときには履き替えてもらう。床に落ちた左官材が靴の裏に付着し、養生していない部屋まで汚れが広がるのを避けるためだ。

右利きは「左上」から「右下」へ。小さい面からやってみよう

④養生剥がし

すべての壁塗りが完了したら、その日の内に養生を剥がす。まずは上のほうからマスキングテープを丁寧に剥がしていく。マスキングテープを剥がしながら、塗り足らない場所やテープと一緒に剥がしてしまった箇所の補修を行う。コテに少しだけ材料をのせて塗り足す。

補修が終わったら、上のほうからマスカー、マスキングテープを丁寧に剥がす。

⑤清掃

すべての養生を剥がし終わったら、ほこりを立てないよう静かに清掃を行う。

仕上がった面にゴミが吸着してしまうのを避けたい。可能なら作業翌日の清掃がベターだ。

Point
ワークショップ終盤に注意

ワークショップ終盤、参加者の緊張がほぐれた頃に、仕上がった面に無意識に触ったり、もたれ掛かかったりするアクシデントが多い。最後まで注意するよう、しっかりと声掛けをしよう。

WORKSHOP METHOD 5

床張りワークショップ

床張りはワークショップのなかでも人気の作業だ。職人の精度にはかなわないが、コツをつかめば、あこがれの無垢板の床も楽しく張れてしまう。空間ががらっと変わるので、ワークショップとしての満足度が高いこともポイントだ。

1 ワークショップ計画

参加者のDIYレベルや施工する材により、どこまでプロが手を加えるのか、事前の見極めが必要だ。安全に楽しく施工するためのワークショップ計画を立てよう。

① 施工範囲の決定

ワークショップを通して、フローリングを施工する範囲を決定する。

1日分の施工範囲の目安は、参加者

1～2名＋スタッフ1名で6～9畳程度。参加者が3名以上＋スタッフが2名以上いる場合は、2チームに分けて施工を行う。

2チームで同時に施工を進めたい場合は、異なるふたつの部屋に分けたり、ひとつの部屋をふたつのエリアに分けるなどして、施工範囲を完全に分ける必要がある。1カ所の施工に大人数を掛けられないのが、フローリング張りワークショップの特徴だ。

②材料の調達

必要な材料は以下の通り。

【無垢フローリング材】

さまざまな樹種から選ぶことができる。国産材なら、スギやヒノキのフローリング材をオススメする。材質が柔らかいので、フローリング材のカットを、手ノコを用いてDIYで行うことができる。ナラやバーチなどの堅い材料を用いる場合は、スライド丸ノコなどを使ってプロがカットする。

Point
フローリング材便利サイト

依頼主がフローリング材を自分で選びたいという場合には、便利なこちらのサイト「無垢フローリングドットコム（https://www.muku-flooring.com）」もオススメ。

【金物】

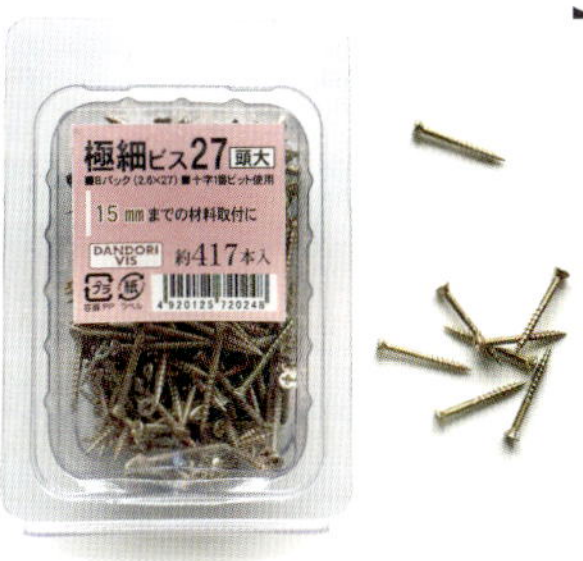

極細ビス

インパクトを使って施工する場合は、床用の極細ビスを用意する。金槌で施工する場合は、釘を用意する。

【床下地用ボンド】

フローリングと下地合板の間には、床下地用のウレタンボンドで施工する。木工用の白ボンドは床鳴りの原因になるので使用しない。賃貸住宅の場合や、依頼者の転居が数年以内で決まっている場合は、ボンドを使用せずに施工するケースもある。その場合、ビスを抜けば、フローリングを転居先にもっていくこと

床下地用のウレタンボンド

もできる。

【床鳴り防止のためのスペーサー】

フローリング材を隙間なく突き付けて施工すると、木の収縮によって施工後に床鳴りが起きることがある。床鳴りを防ぐため、厚み0・3㎜程度のスペーサーを挟み込みながら施工を行い、施工完了後にスペーサーを取り除く。

床鳴り防止のためのスペーサー

③ 道具の準備

必要な道具は以下の通り。

・インパクトドリル
・木工用ドリルビット極細（下穴用）
・プラスビット　先端規格0番
・金槌（釘を用いる場合）
・手ノコ（フローリングのカットをDIYで行う場合）
・メジャー
・鉛筆&消しゴム
・差し金
・丸ノコ（スタッフ専用）
・スライド丸ノコ（スタッフ専用）

2 事前準備

ワークショップ前日までに、床下地の施工を完了させる。併せて「フローリングの割り付け」→「1列目のフローリングの幅を丸ノコでカット」→「カットした1枚目をビスで施工」までを済ませておくと、ワークショップ開始時の作業がスムーズだ。もちろん依頼者が床張りを1から学ぶことを希望する場合は、割り付けからスタートするのもよい。

3 ワークショップ本番

参加者とスタッフの自己紹介と作業内容の説明が終わったら、いよいよ作業をスタート。

①実演

まずはスタッフが、「下穴をあける」→「ビスを留める」の順で、床張りの実演を行う。インパクトドリルの使い方から丁寧に解説する。

参加者が初心者の場合は、端材を作業台に留め付けて練習できるコーナーを設ける。参加者が「力の入れ具合」や「左手の位置」などビス留めのコツをつかんだことを確認したら、本番の施工を始めよう。

②DIYスタート

床張り作業の工程は、以下の通り。①「ボンドを塗る」→②「スペーサーを挟み込む」→③「下穴をあける」→④「ビスを留める」→（繰り返す）→⑤「寸法を測る」→⑥「長さをカットする」。

六つの役割をスタッフと参加者でうまく分担を回しながら、連携して作業を進める。最後の1枚の幅のカットは、丸ノコが必要なため、スタッフが行う。

Point よくあるミスと対処法

ビス留めの際に、プラスビットをビスの頭から外してしまい、フローリングに傷を付けてしまうことがある。傷の上から水を染み込ませた布を置き、温まったアイロンを軽く当てると、つぶれた木の繊維や膨らみ、多少の傷ならばほとんどわからなくなる。

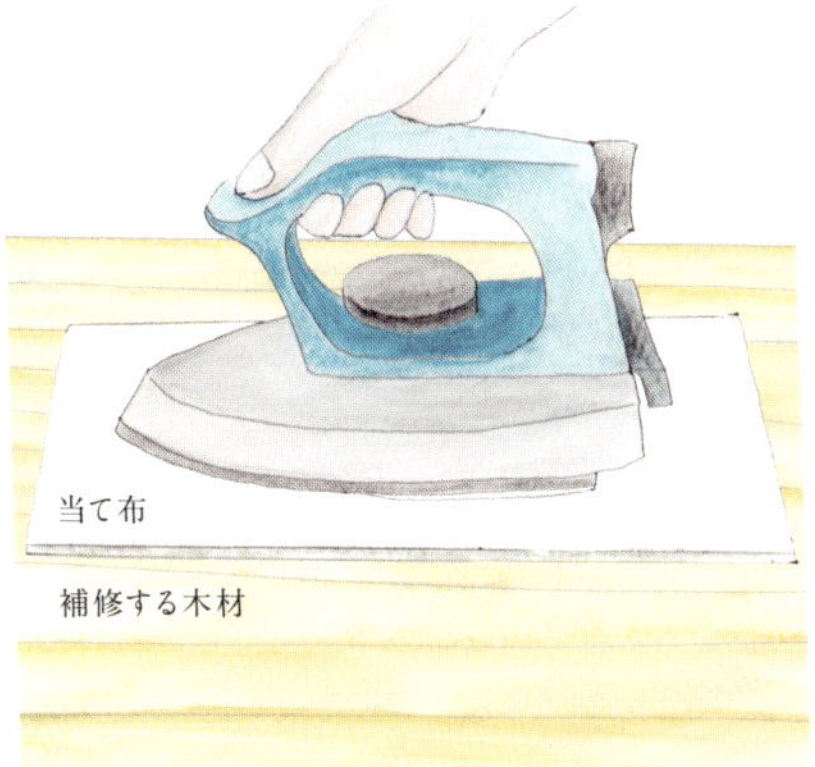
当て布
補修する木材

フローリングに付けた傷はアイロンで修復できる

応用編！斜めに張ってみる

CASE **4**

CODAMA

「楽しい、かっこいい、親しみのある街のケーキ工場」をつくる

ケーキ職人、白石さんから「焼き菓子とオーダーメイドケーキのお店」のご相談をいただいたのは2014年冬のことでした。

柔らかな雰囲気のなかに、強い芯と好奇心を秘めた白石さん。お菓子のデコレーション技術を学ぶために本場イギリスで勉強されたお話や、ケーキの色味を表現するために、身近な素材を研究しているというお話など、内装に関わることから雑談まで、たくさんのお話を伺いました。

好きなものをお聞きするなかで浮かび上がったのが、モルタルや鉄の無機質な素材感。

このプロジェクトはぜひ、女性左官職人、金澤さんと進めよう！

私たちは、左官仕事が主役となるような、〝楽しい、かっこいい、親しみのある街のケーキ工場〟をキーワードに、設計を進めました。

THE ZOO
MICHELIN

壁面にはヘリンボーン柄のオリジナルペグボードを施工

ガラスサッシュは、金属製にも見えるが、木工工事であつらえたもの

開店のお祝いには内装のモチーフであるヘリンボーン柄のミトンをプレゼントした

厨房の様子。右手の店舗とはガラスの壁で仕切られている

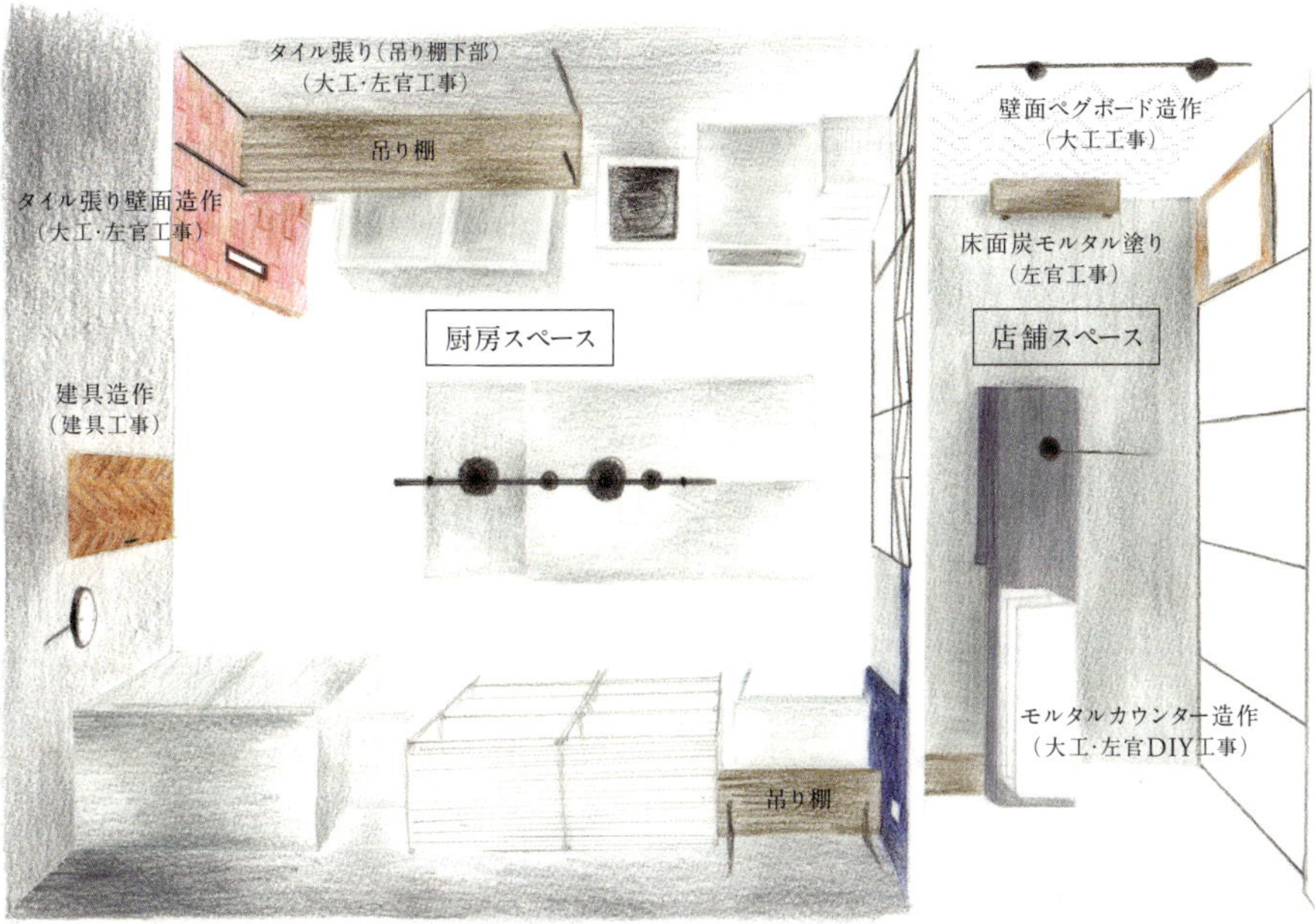

CODAMA平面図

モルタル施工直後のカウンター

Point　ケーキ職人の仕上げたモルタルカウンター

白石さんにもカウンターのモルタル左官工事に参加していただいたところ、
その上手さにびっくり！
ケーキでペーストを塗る作業と似ているそうです。

コテを使ってモルタルを塗り付ける様子

完成後のカウンター

白石さんと金澤さんが端からタイルを貼り込んでいる様子

タイルに目地を塗り込む

Point　ヘリンボーンのタイル壁

シンク奥のタイルも白石さんと金澤さんの協働作品。
店内の各所に散りばめられた「ヘリンボーン柄」はここにも登場。

シンク奥にヘリンボーン模様に貼った磁器タイルの壁

MEMBER INTERVIEW 2

「緩い」職人の世界が、世の中に求められている

—金澤萌

—marumo工房

私たちと同い年で1児の母でもある金澤さんは、公私ともに深いお付き合いをさせていただいている左官職人さん。壁の漆喰や珪藻土塗りのほか、床の土間打ちやタイル貼りなども左官屋さんの仕事です。

親方のもとで厳しい修行を積んだ後、〝左官を身近なモノへ〟をモットーにmarumo工房として独立。目指すところはまさに私たちと同じ。

現在は埼玉県草加市に「LEAD」という工房を構え、自身の制作のほか、ワークショップを開催したり、一般の方もぷらっと立ち寄れるような空間を目指し、活動中。今ではつみき設計施工社の左官仕事を一手に引き受けてくださっています。そんな最高のパートナーである金澤さんに、DIYサポートを始めたきっかけや、職人の世界についての考えをお聞きしました

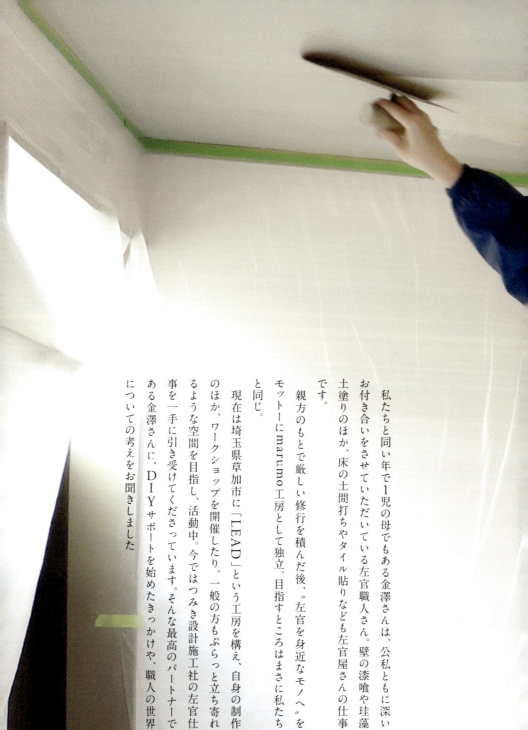

左官職人

金澤 萌／marumo工房

1983年東京都足立区生まれ。ものつくり大学を卒業後、左官会社に就職。その後、親方の元で修行を積んだ後、2013年marumo工房として独立。現在、埼玉県草加市を拠点に左官職人として活動中。

子育てで働き方を変えざるを得なくなり、DIYサポートを始めた

――つみき設計施工社との出会いを教えてください。

金澤　独立したての頃、marumo工房のブログを見たつみきさんから仕事の問い合わせをいただいたのがきっかけです。

2013年の1月に独立してmarumo工房を始めたのですが、ずっと住宅のDIY工事のサポートを行っていたので、つみきさんとの現場が独立して初めての工務店との仕事でした。

――DIYサポートの仕事を中心に引き受けていたのは、当時はもちろん、現在でも珍しいですね。

金澤　独立する前ももちろん左官職人として働いていたのですが、出産して子育てを始めてから、子どもの急な発熱などで現場に穴をあけざるを得なくなってしまい、親方に迷惑を掛けないようにと退職したんです。

前職は、親方とふたりの会社だったのですが、『24時間365日いつでも対応します』というのがウリで。ほとんど休みも取らなかったくらい、しゃにむに働いていました。

子供を産んでからそれができなくなってしまい、独立してもどうやって仕事を受けていこうと悩んでいて。そんなとき、たまたまDIYもしたいという50代女性の自宅リノベーションの仕事をいただいたんですね。彼女は書籍の編集者だったので、住宅リノベーションの本をつくりたいから、と記事のネタにと次々に仕事を紹介してくれて。その仕事をアップしたブログが、また次の仕事につながっていきました。

――左官DIYサポートで意識されているのはどんなことですか？

金澤　相談を受けた際、必ず現場に伺うことを意識して行なってます。職人は現場を見ずに請け負うことも多いのですが、依頼主と話すうちに、サポートで受けるのか、職人として作業一式請け負ったほうがいいのか、方向性が決めやすくなりますからね。それに、どんな空間がよいかも提案できないと、つまらないですし。

工務店が「ともにつくる」家づくりをしているなんて最高！　と思った

――365日休みなく働いていた頃から、働き方だけでなく、仕事のスタイルもガラッと変えられたわけですが、抵抗感などはありませんでしたか？

金澤　DIYサポートだと、現場に出ている時間よりも打ち合わせ時間のほうが長くなったりするんです。やっぱり職人って、現場に出てない職人は職人とはいえない、という意識も強いので、独立当初は焦りもありました。空いている日にはできるだけ、ほかの現場の応援に行くことを心掛けてた。いまは現場と打ち合わせのバランスも取れるようになってきて、ようやく自分らしいワーク・ライフ・バランスが確立されてきました。

――つみき設計施工社と協働されることの良さはどんなところですか？

金澤　最初の仕事から、子どもの病気で現場に入れる日程がずれてしまう可能性もあった

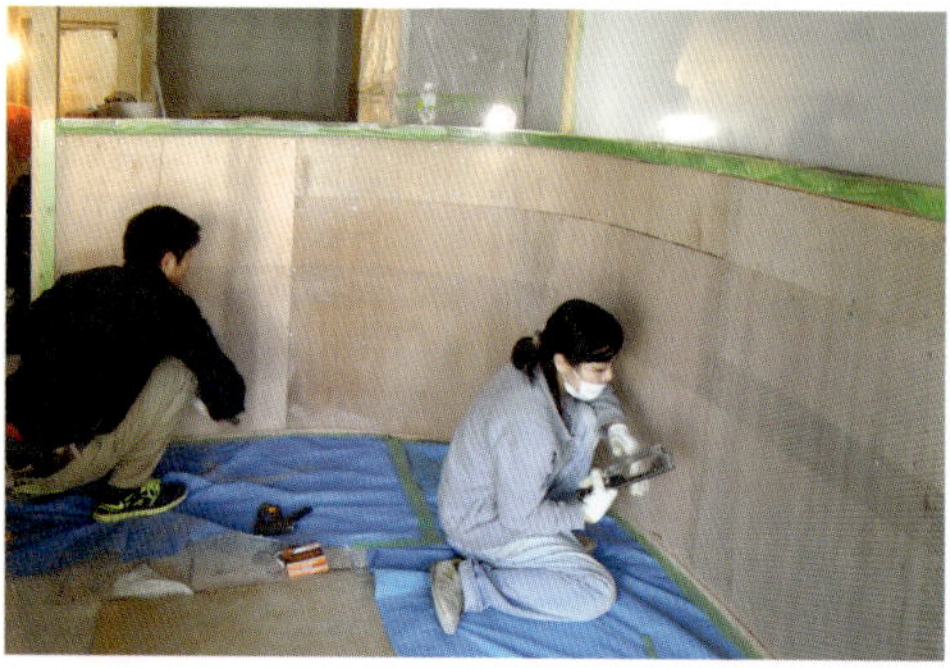
「マイ・プレイス」での左官壁塗りワークショップの様子

り、保育園のお迎えで早上がりしなくてはいけないことも了解してくれていたので、とても働きやすかったです。

その仕事は、千葉県の妙典駅近くの「マイ・プレイス」というカフェのワークショップで、つみきさんの知り合いやお施主さんの友人など全部で10人ほど集まっていただき、下地づくりとモルタル洗い出しを行いました。参加者の雰囲気も良く、内容にも満足していただけて、我ながら本当に理想的なワークショップができたなと思いました（笑）。

その現場以降、つみきさんとはずっとお付き合いをさせていただいてます。

――当時はとくに、DIYサポートを行う職人や工務店も少なかったですが、金澤さんがつみき設計施工社を知ったときは、どんな風に思われましたか？

金澤　工務店がそんな家づくりしているなんて最高！　と思いました。一緒に「ともにつくる」ことを考えられて嬉しくて、でも本当に仕事として成り立つのか？　と余計な心配までして（笑）。

でもここまでその輪が広がっているのを見ると、自分の手で家をつくりたい人ってすごくたくさんいたんだなと。世の中の風潮もあるかもしれませんが、今まで潜在的にいた人たちは工務店さんに遠慮して言えなかったのかなあとも思いますね。

だから今、私のような、コミュニケーションを取りながら仕事を進める、「緩い」職人の世界も世の中に求められているんじゃないかと思ってます。もちろん、修行を重ねて、技術の高みを求めていく「厳しい」世界も必要です。でもそんな風に職人の幅が広くなると、建設現場で働く職人の数も増えて、ゆくゆくは業界自体も元気になれるんじゃないかな。

クラッシュタイルでネームプレートをつくるワークショップの様子

フレスコ画のワークショップでは画家の安部舞さんともコラボレーション

WORKSHOP METHOD 6

タイル貼りワークショップ

キッチンシンクに
モザイクタイルを貼ってみよう

インターネットなどでもさまざまな色、質感のものが入手可能なタイル。DIY工事で美しいタイル面に仕上げるにはいくつかのポイントを抑える必要がある。ここでは左官職人marumo工房の金澤萌さんのアドバイスをもとにタイル貼りワークショップのポイントを紹介しよう。

1 ワークショップ計画

タイル貼りでは施工環境によって下地の見極めや材料の選定が重要となる。美しい仕上がりのタイル面とするためにしっかりとワークショップ計画を立てよう。

① 施工場所の決定

タイルを貼る場所を決定する。

② 下地の見極め

タイルを貼りたい壁面（下地）が、クロス等が貼られていない平滑で丈夫な面であれば、下地処理をせずにタイルを貼ることができる。以下のケースでは、下地処理が必要だ。

【下地がクロス仕上げの場合】

自宅でDIYする場合など、クロスの上からそのままタイルを貼るケースもある。しかし長い目で見ると、クロスがタイルの重みに耐えられずに、タイルも一緒に剥がれてしまうリスクがあることを知っておこう。

Point
クロスを剥がして貼ると仕上がキレイに

可能なら、クロスを剥がして（薄紙も一緒に剥がす）、下地面を出してから、タイルを貼ることをオススメする。

【下地が平滑でない場合】

クロスを剥がしたことでボロボロになってしまった石膏ボード、もともと平滑でないコンクリートの壁・モルタル壁など。不陸の具合によっては、そのままタイルを貼ることも可能だが、せっかく仕上げたタイル面も、明らかに平滑さが失われてしまう。

平滑な面をつくるには、下記ふたつの対処が考えられる。

A 合板や石膏ボードなどを上から貼って平滑な面をつくる。

B 左官材料で平滑な面をつくる。

Bは左官の技術が必要なため、DIYやワークショップではAの対処が現実的だろう。ボンドやビスを使って、不陸のある壁面を隠すように、平滑な新しい面をつくる。

③ 材料の選定

1 タイルを選ぶ

モザイクタイルのような小さなタイルは施工の難易度が高くなる。また、素焼きタイルは目地材の乾燥が早く、手早い施工が求められる。参加者の経験値や施工面積を考慮し、タイルを選ぼう。

タイルを選ぶ際には用途（屋内、屋外、床、壁用等）が適切であるかどうかを必ず確認する。インターネットでの購入にはタイルライフ（株）のサイト（http://www.tilelife.co.jp/）などがわかりやすくオススメだ。

2 目地材を選ぶ

目地材の色を選び、用途（一般用、モザイク用、バス・トイレ用など）を確認する。モザイク用は粒子が入っておらず細かいなど、用途ごとに性能が異なるので用途の確認は重要だ。

アジアからの輸入タイルなど選択肢はさまざま

3 ボンドを選ぶ

ボンドの選び方は、タイルライフ(株)のサイトなどを参考に、タイルの種類と施工状況に合ったものを選ぶ。ボンドによって乾くまでの時間が違うため、作業時間の表示の確認を怠らないように。

---

④道具の準備

必要な道具は以下の通り。

- ・グラインダー、もしくはタイルカッター
- ・集塵機
- ・くしゴテ
- ・ゴムゴテ、ゴムベラ、もしくはゴム手袋
- ・コテ板
- ・バケツ(2つ以上)
- ・スポンジ
- ・養生資材(ブルーシート等)
- ・マスキングテープ
- ・マスカー
- ・メジャー
- ・差し金
- ・水平器
- ・鉛筆＆消しゴム

---

2 事前準備

養生と墨出しをきっちり行えば、後は楽しく貼り進めるだけ。事前準備が仕上がりを左右する重要な作業だ。

①床の養生

まずはブルーシート等を用いて床の養生を行う。またタイルをカットする際は粉塵が出るため、施工場所とは別に「切り場」を準備し、養生する。可能であれば、「切り場」は屋外に準備できるとよい。グラインダーで切りものを行う場合は集塵機もあるとよい。

②施工面の養生

タイル厚み分の隙間をあけ、施工面のまわりを次図のように、マスキングテープで養生する。

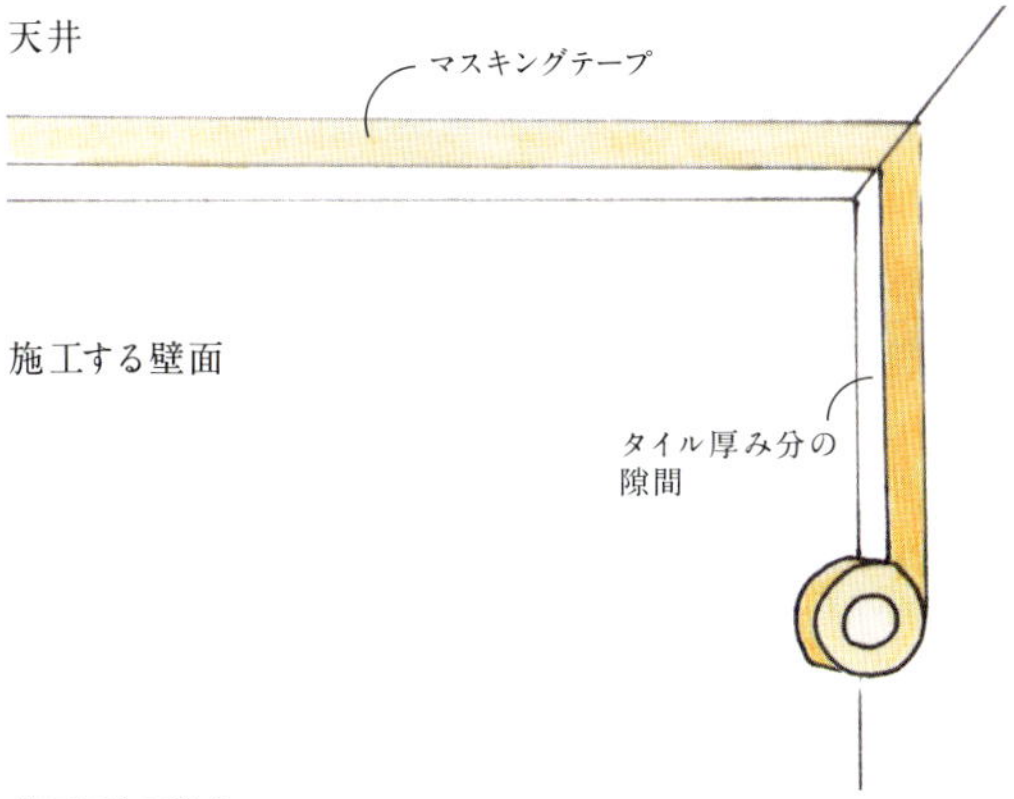

③ 墨出しを行う

100ミリ角タイル（シートなし）の場合
3×3の9枚または4×4の16枚ずつ

200ミリ角タイルの場合
3×3の9枚ずつ

300ミリのシートの場合
2シート×2シート　4シート分ずつ

天井／マスキングテープ／施工する壁面／タイル厚み分の隙間／施工面の養生

以上を目安に左図のように墨出し線を引き、タイルの施工位置の基準とする。

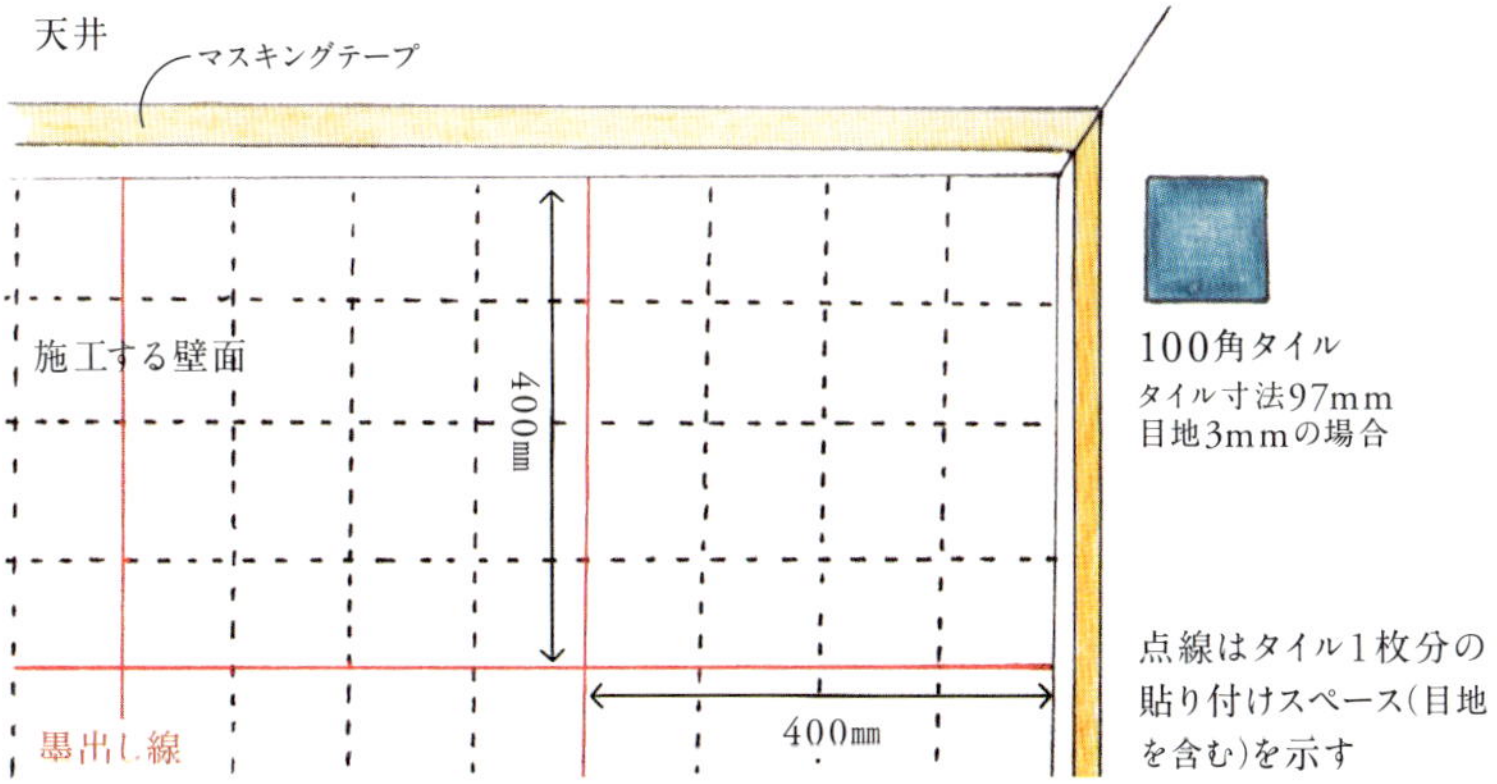

天井／マスキングテープ／施工する壁面／400㎜／400㎜／墨出し線
100角タイル　タイル寸法97mm　目地3mmの場合
点線はタイル1枚分の貼り付けスペース（目地を含む）を示す
墨出しを行う（100ミリ角タイルの例）

3　ワークショップ本番

いよいよワークショップ当日。タイルは思いのほか重いもの。取り扱いに気をつけながら、楽しく貼り進めよう。また、タイル貼りは目地を入れる前にタイルの貼り付けに用いたボンドを完全に乾かす必要があるため、2日間に渡って行おう。

〈1日目〉

参加者とスタッフの自己紹介と作業内容の説明が終わったら、いよいよ作業をスタート。1日目は①から③まで行う。

① ボンドを塗る

墨付けをした1マスごとに施工を行う。墨を消さないよう注意しながら墨1マス分にボンドを塗り、くしゴテで塗り広げる。

薄いモザイクタイルの場合は下地が見えない程度に薄く塗る。

②タイルを貼り付ける

上記でボンドを塗った1マスにタイルを貼り付ける。墨に間違えがないことを確認し、その1マスを基準にまずはタテ列、その後ヨコ列、と貼り進め、問題がなければ残りのマスを埋めていく。タイルの表面にボンドが付いてしまった場合は、タイルの表面をスポンジなどで掃除しておく。

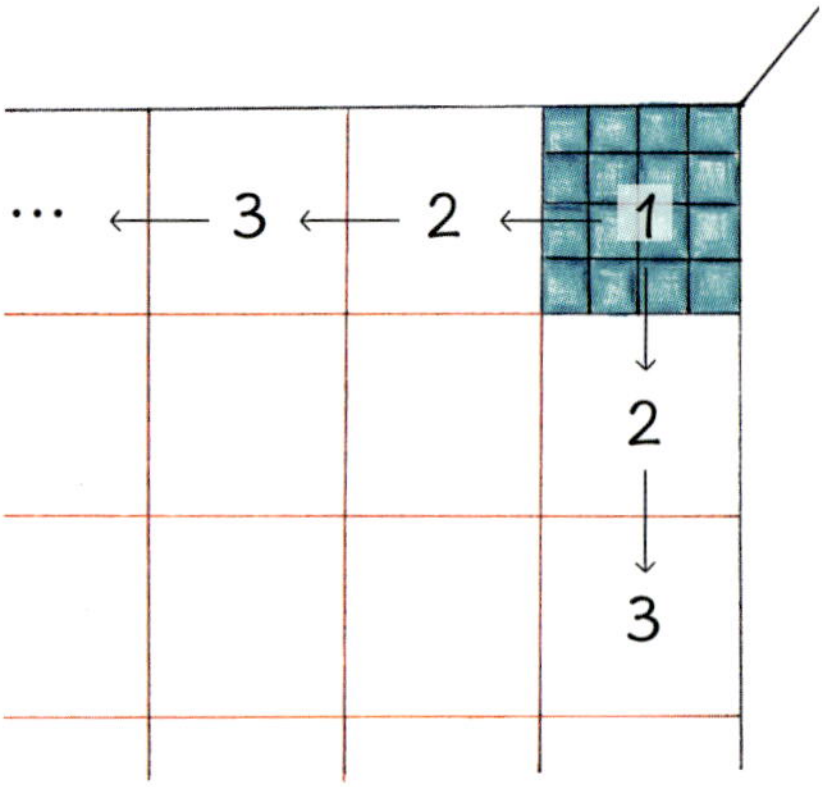

タイルを貼り付ける順番

③養生を剥がす

施工面に養生したマスキングテープを剥がす。

1日目の作業はここまでで終了！これ以降の④〜⑧の作業は2日目に行おう。

〈2日目〉

④施工面の養生

目地をスポンジで拭き取る際に汚れが広がらないよう、1日目よりもしっかりと養生を行う必要がある。

1日目と同様に施工面のまわりをタイル厚み分程度、隙間をあけ、マスキングテープで養生する。その上からマスカーを貼り、しっかりと養生する。

タイルの目地間からボンドがはみ出ている場合は、カッターなどで取り除く。

1 目地材を練る

目地材は乾燥して固まりやすいため、一度に練りすぎないよう注意する。

とくに屋外の場合や素焼きのタイルを施工する場合も乾燥が早いので注意が必要。

目地材を練る際は、少量の水から練る。防水材が入っているため、水が混ざりにくいので根気よく混ぜる。

2 目地材を埋めていく

コテ板に材料をのせ、目地に目地材を埋めていく。面積が大きい場合はゴムゴテを、小さい場合はゴムベラを使うと塗りやすい。

タイル厚み分程度塗り、タイルの表面が見えるくらいしっかりと伸ばす。

Point
手で埋めるのもあり

DIYではゴム手袋などをはめ、直接手で埋めてしまうのもありだろう。

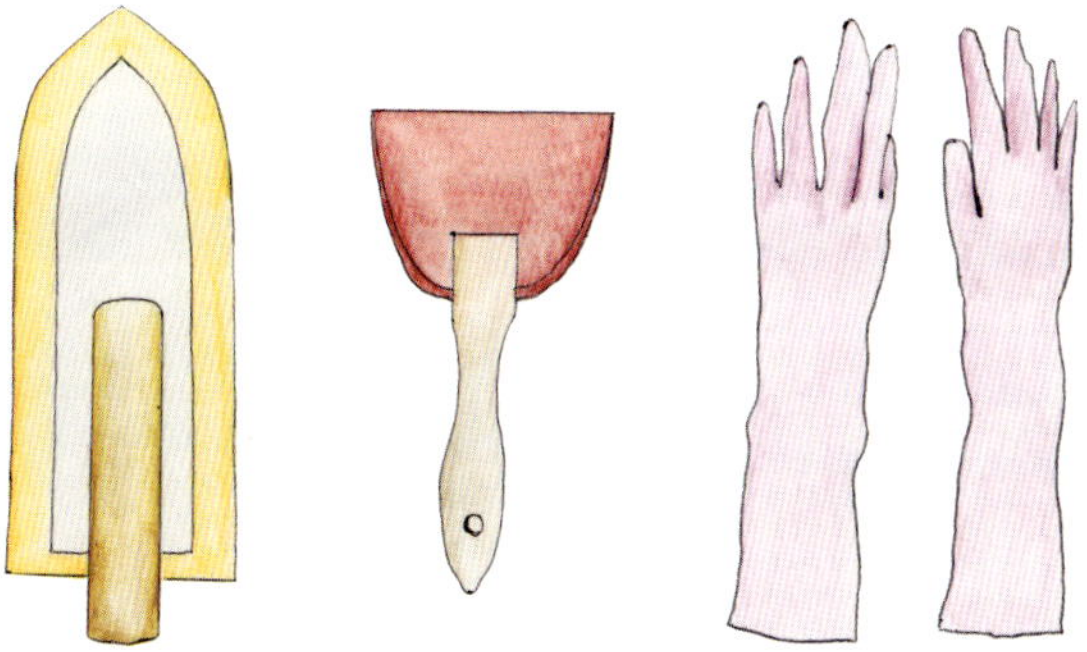

ゴムゴテ　ゴムヘラ　ゴム手袋

⑤ スポンジで拭き取る

目地材が手に付かない程度に乾いたらスポンジを濡らして絞り、拭き取る。

1度目はタイルの表面を見せていく感じでざっと拭き取る。スポンジの汚れはこまめに落とす。

2度目は目地に沿って拭き取っていく。一度拭き取るたびにスポンジの汚れはきれいに洗い流す。

Point
目地材の乾燥に注意

目地材が完全に乾燥してしまうとタイルに焼き付き、タイルの色が変わってしまうことがあるので注意が必要。

ウエスで乾拭きするとよりきれいになる。

⑥ 養生をはがす

目地材を入れ終わったら、乾く前に養生を剥がして完成！

CASE 5

習志野・M邸

自由に遊べる
キャンバスのような場所

「自由に遊べる空間を」。習志野のアトリエは、私たちの想像力をかき立てるような一本の依頼のメールから始まりました。

用途は、作品製作のためのアトリエ。とはいえ70㎡ほどある空間をどのようにつくり込んでいくべきか、私たちは頭を悩ませました。

デザインの糸口をつかむべく、初めての打ち合わせでは楽しいアイディアを描いた数十枚のイラストカードを製作し、お施主さんの好きなこと、実現したいこと、試してみたいことなどをざっくばらんにブレインストーミングすることから始めました。

使いながら少しずつ成長していくキャンバスのような場所。丁寧に打ち合わせを重ね、十分にイメージを膨らませ、設計・施工を進めていきました。

布が空間を柔らかく間仕切る

長い布を2本の棒に掛け渡し、表情をつくり出した和室窓際のしつらえ

窓枠に取り付けたフックと布を留めるクリップで、さまざまな掛け方が可能なカーテン

暮らしに遊びをデザインする

空間のベースは、真っ白なキャンバスのような、ニュートラルな空間。私たちはそこに、遊び心やおもしろいアイディアをたくさん散りばめました。

例えば、羽衣のようなふわっとした布で変幻自在に窓際を仕切るしつらえのデザイン。気分によって交換可能な布製の小窓付き照明。天井にはワイヤーを張りめぐらし、好きな位置に布を吊ったり、ひねったり、巻き付けたり、自由に遊べるような仕組みを考えました。

そこで過ごす時間にもっと遊びの提案がほしいと、追加の依頼もいただき、クッション、スリッパ、コースター、そしてアートのパフォーマンスをする際に身に付ける服まで、その空間での「遊びの仕掛け」をとことんデザインしたプロジェクトとなりました。

天井から吊るされた布が空間を柔らかく隔てる

Point　布、ワイヤー、ポールによる可動間仕切り

布を吊るすために天井に張りめぐらせたワイヤーは、弛まないよう、船舶用のウィンチで巻き上げる仕組み。布とワイヤーとポール、最小のパーツで空間の表現を無限に。

ワイヤーを巻き取るウィンチ

Point　暮らしの布もの

空間と、空間の中で使う小物や衣服も併せて製作。日々肌に触れるものだからこそ、とことんこだわりたいという想いを、一緒に手を動かし実現させました。

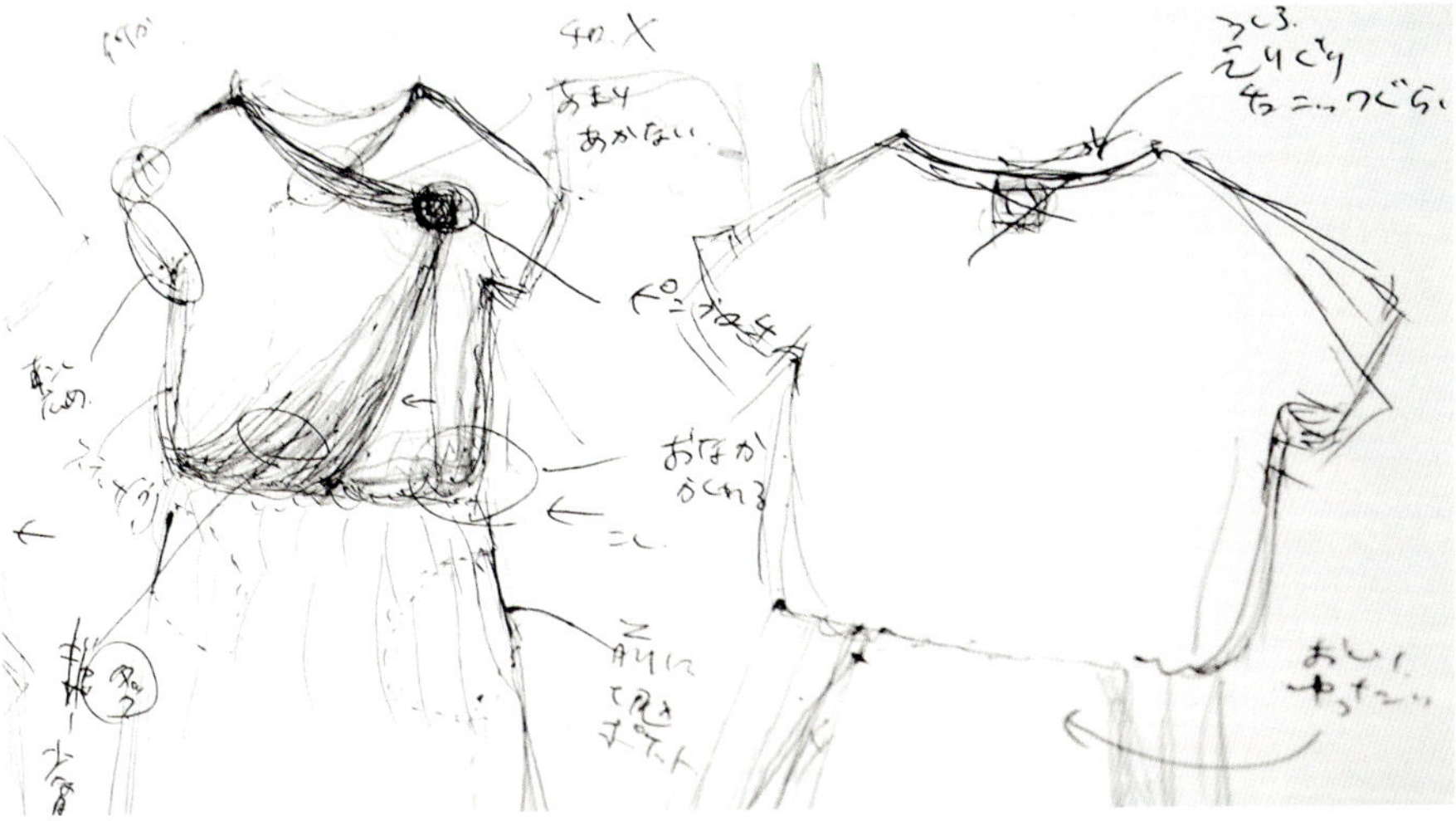

作業服としてのワンピースは、何度もデザイン画を描き、試着を重ねてオリジナルの一着に

お客さまをお出迎えする布スリッパは洗濯も可能

藍染めでテキスタイルから作成した座布団

ひとつひとつ違う形のコースターは、その場でシルエットをスケッチし、切り取る場所を一緒に考えて完成させた

MEMBER INTERVIEW 3

布×空間、もっと自由に、もっと楽しく

―夏目 奈央子
―なつめ縫製所

聞き手：河野 桃子

縫製職人、夏目奈央子さんは、大学で学んだ建築をルーツに、もっと自由に、もっと楽しく暮らしの空間をデザインすべく、幼い頃から慣れ親しんだ布を扱う職人として新たな空間デザインの領域への挑戦を続けています。つみき設計施工社との仕

事では、最初の依頼主との顔合わせから設計メンバーとして同席することも多く、カーテンや間仕切り、天蓋等の布ものの提案のほか、空間全体を彩るカラーコンセプトの言及やタイルカーペットのパターンデザイン等、得意とする分野は多岐に渡り、その才能を発揮しています。

2017年より千葉県市川市のワークショップスペース「イチイチ」内にショップをオープン。自身の作品の販売のほか、「イチイチ」の運営も行うなど、さらなる活動の幅を広げています。

今回は夏目さんに、その独特の世界感や仕事への取り組み方などをお聞きしました。

縫製職人

夏目 奈央子／なつめ縫製所

1985年岐阜県恵那市生まれ。京都大学·大学院で建築設計を学んだ後、空間における布の表現に興味をもち、2012年なつめ縫製所を設立。現在は千葉県市川市を拠点に、内装デザインや衣服など、暮らしの布ものを中心に製作中。

「建築家」だけがフューチャーされる建築業界の雰囲気に、違和感があった

桃子　つみき設計施工社のふたりと夏目さんが出会ったのは、京都大学1年生のとき。三人とも建築学科の同窓でした。同学年の仲間は皆、ほかの授業そっちのけで、よく製図室に寝泊まりしていましたね。

　卒業後、多くの同級生が建築業界へ進むなか、夏目さんは就職では建築設計から離れたんだよね。

夏目　そうですね。まず在学中に「建築」が何だか嫌いになってしまったんです。当時は、「建築家」だけがわかりやすくフューチャーされる建築業界の雰囲気に、違和感をもっていたんです。建築家だけじゃなく、大工さんやほかのいろんな専門家の知識や技術、住まい手や使い手の思いが詰まっていい建築ができているはずなのに、建築雑誌などではそれがすっぽり抜け落ちているように感じて。実際にはそんなことはないのだけれど、学生時代の私は建築がとても遠く感じるようになりました。

　その思いが積み重なり、卒業後は建築を離れることにしました。縁あって紙箱デザインの仕事に就きましたが、建築を考えるのと、箱のデザインや製造を考えることに、私のなかで別物という気はまったくしませんでした。両方とも使う人や時間の経過が物語をつくっていく。箱は小さな建築みたいで。そんな物語の紡ぎ方は、今でも変わらず自分のなかにあると思います。

桃子　卒業後、夏目さんは京都で、私たちは東京で働き始めたんですが、ずっと交流は続い

布を用いた空間を提案したジャズライブハウス「cooljojo」

ていました。夏目さんから自分で何か始めたいという相談を受けたとき、自然と布を中心にした仕事をやってみたらいいんじゃないかという話になったんです。

夏目　母親や祖母も布を使った手仕事が好きで、パッチワークや洋服などを家でよくつくっていました。その影響で、私も小学校の頃から布に慣れ親しんでいたんです。

独立を考え始めた頃、同時につみきのプロジェクトにともに携わるようになりました。そこで、布が空間に一枚入ることで、空間がすごく柔らかな表情をもったり、そこで暮らす人の暮らしに寄り添える素材なんだと改めて実感することができたんです。そこで、「布にできることってまだまだたくさんあるんじゃないか」と布からアプローチする空間のデザイン、暮らしのデザインを始めることにしたんです。

身体の延長にまず服があり、空間があり、建築があり、そして街がある

桃子　夏目さんは衣服のデザインもされていますよね。

夏目　そうですね。衣服を着ることによって、よし今日も頑張ろう、とか、クスッと笑えたりとか、やる気が出てくるとか、そんなちょっと愉快な服をつくりたい。どんな空間で、どんな気持ちで着るのか、そこでどんな人と会っているのか、そんな視点からも、デザインしていきたいです。私にとって箱のデザインも、衣服のデザインも、建築のデザインも根っこは同じで、大きさや素材は違うけど、どれも人間の「器」、時間の「器」だと思っています。

身体の延長にまず衣服があり、空間があり、建築があり、街がある。修士論文のテーマは

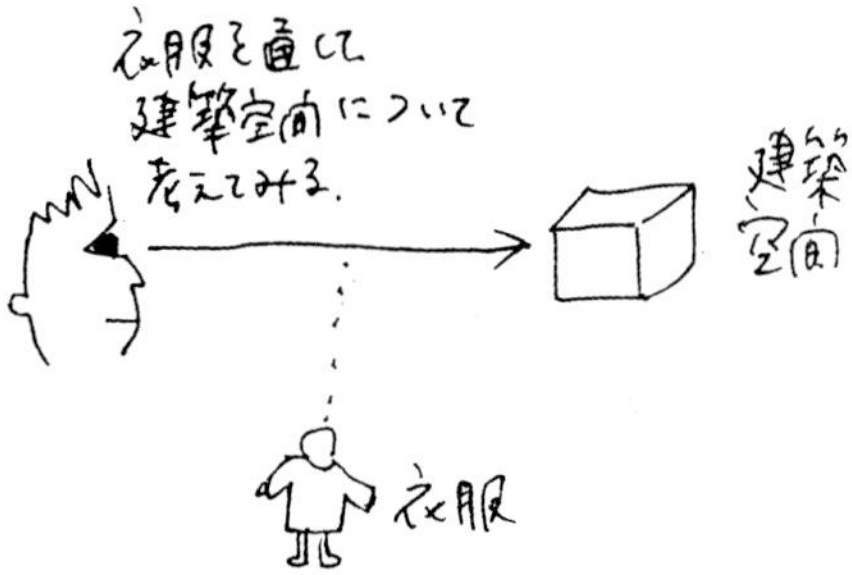

夏目奈央子さんの修士論文メモより

ざっくり言うと、「衣服という存在を通して建築空間のことを自分なりに考えてみる」だったのですが、今もずっと根本にある興味は、「人間を包み込む素材として、布に何ができるのか」ということなんだと思います。建築材料としては圧倒的に弱いし汚れるし自立しないし、朽ちやすい素材ですが、だからこそ人間に一番近い素材ともいえる。

カーテンやクッションというすでに名前のあるものをつくるだけでなく、布という素材を通して、触感を楽しんだり空間を豊かにする制作をしたいと思ってます。

桃子　いつもダイナミックな発想力には驚かされています。設計では、布のしつらいだけでなく、カラーコーディネートやディテールデザインの相談にも乗ってもらっているのですが、「そんな面白いことを！」というアイデアをいつも出してくれます。

夏目　つみき設計施工社のプロジェクトには、打ち合わせの初期から参加することが多いので、お施主さんがどういう暮らしを望んでいるのかを一緒に探りながら、ともにつくっているという実感があることが嬉しいです。一度は目を背けた建築の世界に、あれよあれよという間に巻き込んでくれて。これからも暮らしを楽しむ仕掛人として、ともに邁進していきたいですね。

オリジナルデザインのスプリングコート。洋服のデザインはほぼすべて一点物

オーダーメイドで製作したパッチワークカーテン。部屋の中と外で違った表情を見せる

60ページで紹介したあかぎハイツのエントランスマットもデザイン。入居者を明るく出迎える

つみきだより2

つみきのオフィス in イチイチ

つみきのオフィスは「イチイチ」の一番奥にあります。「イチイチ」は、オフィスとショップとワークショップスペースが合体した空間。衣食住を相談したり、手を動かしたり、お買い物したり。つみきはここで、「自分の手で自分の暮らしをいちいちつくってみる」お手伝いをしています。

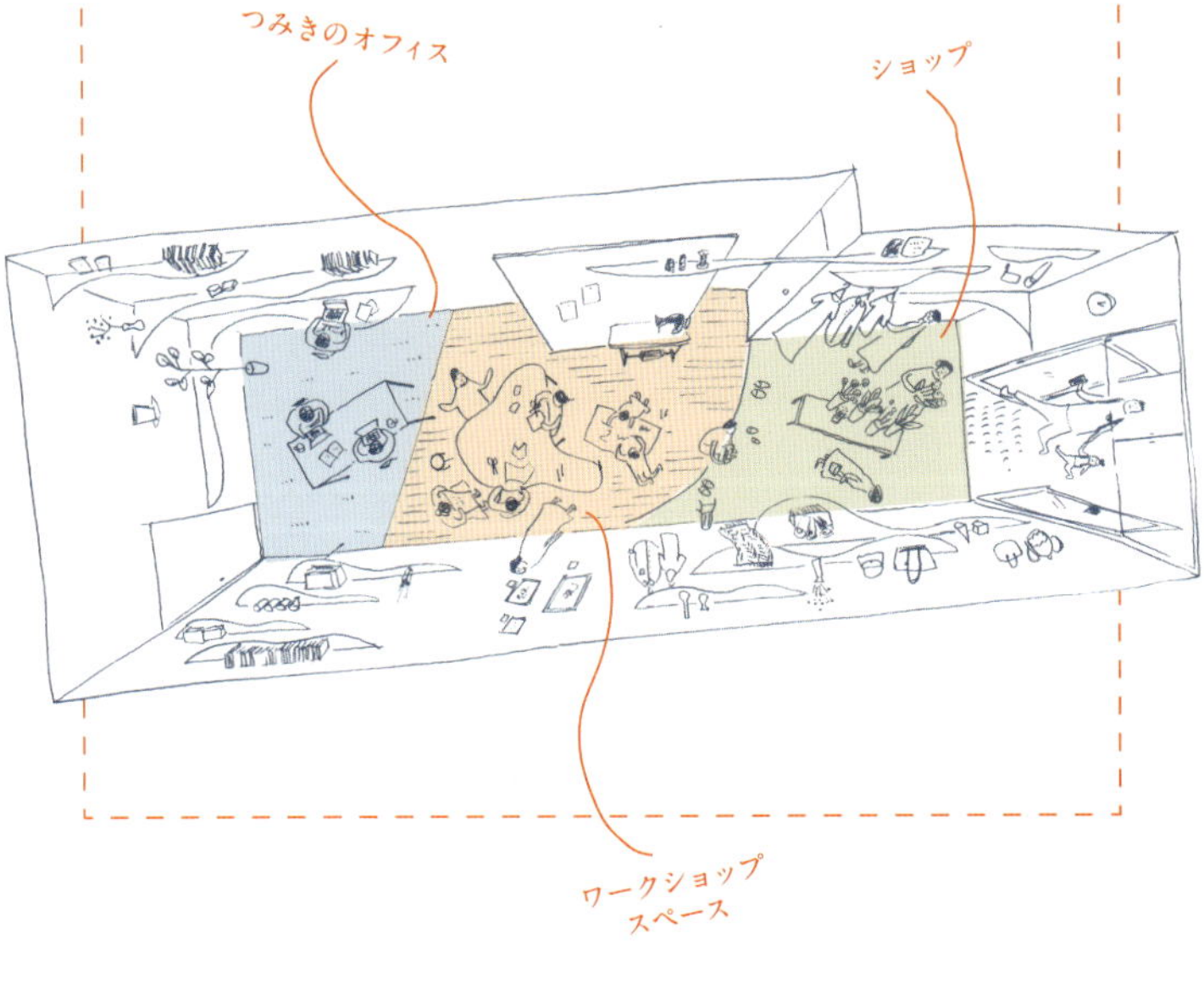

3 面白い街をつくる

場づくりに色々な人が関わると、思いもよらぬ素敵な循環が生まれることがあります。

市川で〝ともにつくる〟仕事を始めて8年目。共感する仲間ができてきた今、自分たちの住む街を面白くするために、さまざまな試みを始めています。

123ビルヂング

CASE 6

面白い街の拠点をつくる

2015年、千葉県市川市で初となるシェアアトリエ「123ビルヂング」がオープンしました。私たちはomusubi不動産の殿塚さんとともに、〝面白い街〟をつくるべく、この場所の立ち上げから内装まで、さまざまなかたちで盛り上げてきました。プロジェクト発足から半年後、この廃墟ビルはクリエイターや活動家たちで賑わうまでになりました。

ここでは123ビルヂングオープンまでの道のり、仲間集めのノウハウ等についてご紹介いたします。

123ビルヂング初代入居メンバー

オープン前のお掃除ワークショップ

「廃墟ビル」から「シェアアトリエ」へ

最寄り駅、JR総武線本八幡駅より徒歩22分。空き家となってから何年経ったかわからない、3階建て屋上付きの大きなビルがありました。初めてこの場所を訪れた私たちとomusubi不動産の殿塚氏は、この場所の秘めるポテンシャルにわくわくが止まりませんでした。

このとき私たちが抱いた、「このリノベーションしがいのあるビルは、きっと古さを活かした面白い空間になる」という予感。そして殿塚氏の抱いた、「こんな立地条件の悪い場所であっても、初期費用を抑えて自由に活動ができる空間を求める若いクリエイターにとっては、願ってもいない好物件であろう」という予感は、みごと的中することとなるのです。

改修前の1階の様子

改修前の3階の様子

4F

小さなペントハウスと
広い屋上空間

3F

レトロなパーツが随所に
見られ昭和の雰囲気漂う空間

2F

リフォーム済みの
快適できれいな空間

1F

土間打ちの天井の高い
倉庫のような空間

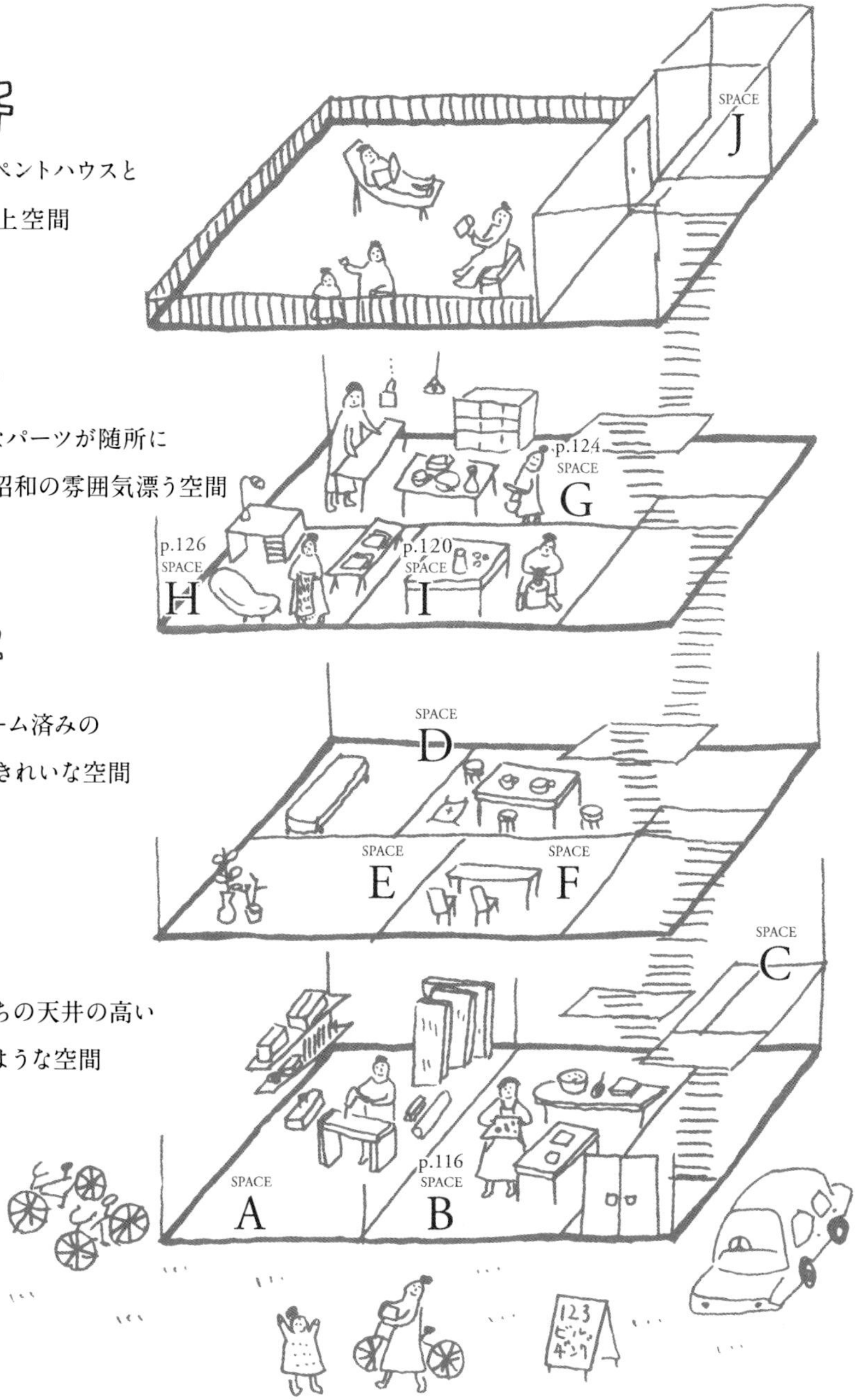

Trigo e Cana
– Handmade Icing Cookies –

SPACE
B

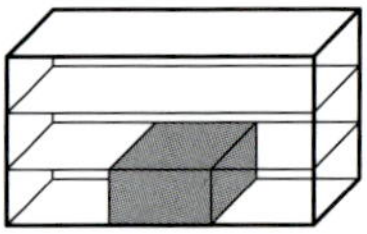

―― こだわりのポイントはどこですか？

一目惚れした大谷石の壁をそのまま活かしてもらいました。

アイシングクッキー作家　春山由美子さん

1階土間打ちの広い空間、スペースBは「123ビルヂング」に一目惚れして入居を決めた由美子さんのクッキー工房。躯体の古い質感は残して収納とキッチンを造作、床は古い床を剥がして土間を磨き、壁面と天井はペンキを塗り直して仕上げました。美味しいバターの香りがビル全体を包む日はみんなが幸せな気分になれます。

大谷石の壁の前で

カウンターでクッキーの生地を混ぜる由美子さん

内装デザインは由美子さんお気に入りの老舗洋菓子店を参考に。レトロとポップの入り交じった空間

施工は、由美子さんともともとお知り合いだった、大工の竹平さんにお願いしました。お昼休憩には由美子さんもお弁当を持参し、つみきスタッフ、竹平さんとともに談話する日も。竹平さんとは竣工後も123ビルジングのイベントで顔を合わせるなど、なごやかな関係が続いています。

竹平さんの大工工事の様子

塗装作業には夏休み中の娘さんも参加

ユニークな形状の窓柵は、汚れを落として既存をそのまま活かした

工房でつくられる色とりどりのかわいいクッキー

工房 CASK

SPACE I

―― 123ビルヂングの魅力はどこですか？

昭和後期のデザインがところどころ残っていて、ビル全体で新旧調和しているところです。

陶芸家　石原可周久さん

スペースⅠは、もともと和室だった部屋を陶芸の工房として改装。畳を撤去し、板間を施工。壁面は砂壁の質感を活かし、優しい色味のペンキで塗装しました。

古い収納棚も、陶芸作品や道具の収納スペースとしてリメイク。

渋い木の色味と土壁の質感に映える、テーマカラーのオレンジ色のタイルがポイントです。

作品撮影スペースの珪藻土は石原さんが私たちのサポートのもと、ご自分で塗られましたが、さすが、土の扱いはお上手でした。ものづくりをお仕事にされているので、職人の大島さんの指導のもとで、板間の施工やテーブルづくりの作業もテキパキとセンスよくこなされていました。

和室を改装した工房

窓際の棚は石原さんがDIYでつくられたもの

棚の奥にはタイルを貼り込んだ

建具上部には昭和レトロな型板ガラスをチョイス

収納は既存のものを使い勝手の良いものにリメイクした

棚上部の壁には珪藻土を。作品を撮影する際の背景にできるよう計画した

nakwach(古道具ナクワチ)

SPACE

G

――DIY で思い出に残っていることは？

どうやったらきれいに塗れるか
話し合いながらワイワイがやがやと
楽しくできました

古道具商　小宮幸香さん

レジカウンターで笑顔でお話される小宮さん

スペースGは古道具の店舗として改装。天井をぶち抜いて壁面を補修、1面を板壁として造作するまではつみきの大工、忍田さんの工事。その後、小宮さんのお友だちが駆けつけ、皆さんで天井、壁面の塗装を施し、床をきれいに磨いてお店が完成しました。

天井を解体し、むき出しになった躯体を活かしてセンス良く彩られた店内

kocari　SPACE H

―― こだわりのポイントはどこですか？

コルカタの街の色や質感を表現しました。

インド布デザイナー　吉野美智恵さん

もともと和室だったことを感じさせない

DIY塗装作業の様子。最後に「アンティーク塗料」で壁や建具を汚し、古い風合いを表現した

スペースHはインド布を扱うデザイナーさんのオフィス。年に数回訪れるインドのコルカタという街の風景のような空間にすることを目指し、塗装作業では理想的な色味や古びた味のある風合いを再現するため、何度も試し塗り、塗り重ねを繰り返しました。

インド雑貨に囲まれ、デスクに向かう吉野さん

Launch of the Share Atelier

シェアアトリエの立ち上げ

廃墟ビルから、満室のシェアアトリエになるまでの記録

phase 1
チームビルディング
(❶～❹)

phase 2
リサーチ
(❶～❹)

phase 3
プロモーション
＋リノベーション
(❶～❼)

面白い人の輪が、さらにその周りの面白い人を引き寄せる。123ビルヂングの立ち上げは、市川を舞台に活躍する素敵な人たちの輪が広がり実現した。立地も、建物の状態も、決して有利とはいえないこの場所が、半年で魅力的なシェアアトリエへと変貌するまでのストーリーと仕組みを解説したい。

phase 1

チームビルディング

❶ 大家さんから相談を受ける

千葉県市川市のとあるビルオーナーから、omusubi不動産・殿塚建吾氏に相談がもち掛けられた。相談内容は、築40年以上が経ち、駅からも遠い空きビルを活用したいというもの。立地や建物の状況から賃貸マンションやシェアハウスとして再生するのは困難なため、建物の古さを活かしながら、改装自由な賃貸物件として初期投資を抑えることができる「シェアアトリエ」としての再生案をビルオーナーに提案し、プロジェクトの立ち上げが決まった。

*1 シェアアトリエとは、若いクリエイターや芸術家・作家が空間をシェアしながら製作活動やイベントを行うアトリエスペースのこと。

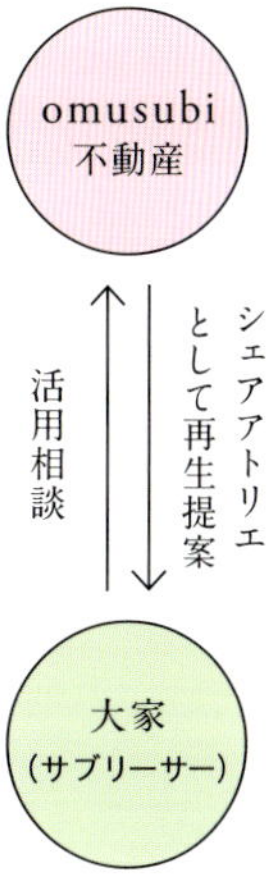

プレイヤー関係図

❷ パートナーシップを組む

omusubi不動産の拠点は、千葉県松戸市の新八柱エリア。ビルのある市川市とは商圏が異なるため、殿塚氏自身は市川の街や人の情報には疎い。そのため、市川に活動の拠点を置く、つみき設計施工社とのパートナーシップにより、シェアアトリエの立ち上げを行いたいと、殿塚氏からオファーを受けた。

始めは、協働での立ち上げに踏み出すかどうか躊躇した。その理由のひとつは立地の悪さだった。最寄り駅のJR本八幡駅まで、徒歩22分。駅前の賑わいとは遠く切り離され、ビル周辺にはこれといったショップや飲食店、コミュニティもないエリアだ。この場所に、若いクリエイターや芸術家・作家が集まってくるのだろうか？ 賑わいが生まれゆく明確なイメージを描くことができなかった。

一方で、自分たちが住み働く市川の街に、若いクリエイターが集う場所ができたらと想像するだけで、気持ちがワクワクした。シェアアトリエの誕生が、面白みに欠けるこの街に新しい風を吹かせられるのではないか。そんな思いから、シェアアトリエ立ち上げの協働を進める決断をした。

omusubi不動産がシェアアトリエの不動産業務と運営業務を、つみき設計施工社がリノベーションとデザイン・PR業務を行う連携体制を取ることになった。

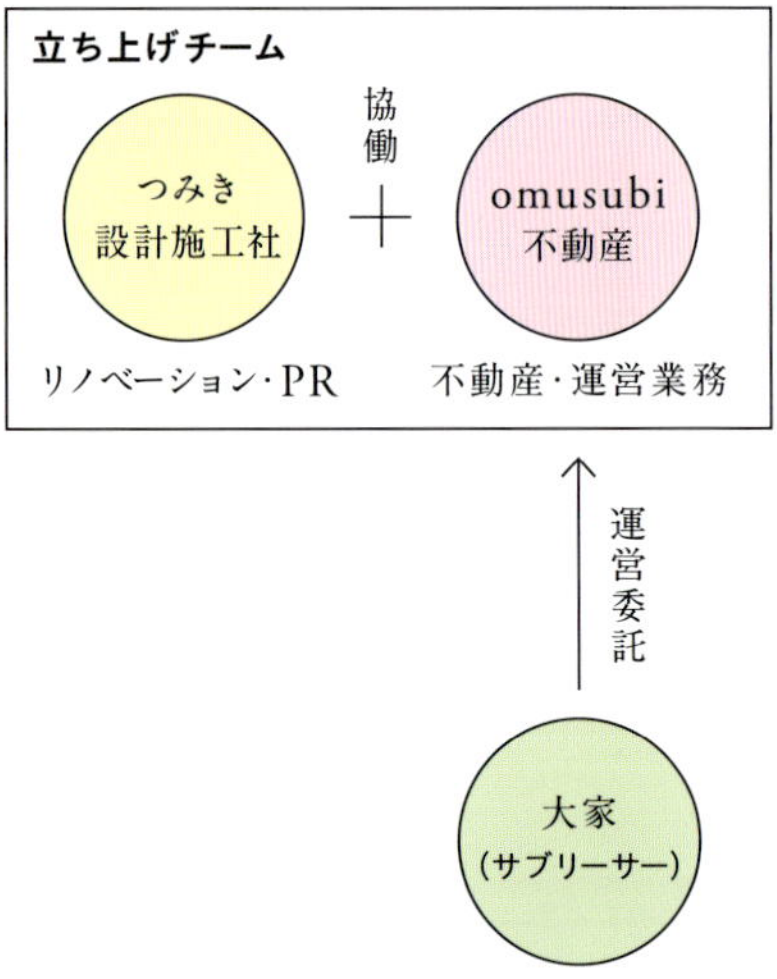

プレイヤー関係図2

❸ エリアのキーマンを巻き込む

シェアアトリエを立ち上げるにあたって、一緒に楽しみながら立ち上げに参画してくれそうな人の顔を思い浮かべた。南八幡エリアで、11年前からDEPOTという名のサイクルショップを経営する湊誠也さん。市川を拠点に年に数度の手づくり市イベントを開催する宮川はるみさん。創業90年を迎える海苔屋の4代目で地場の産業に精通する伊藤信吾さん。

立ち上げにあたり、入居の可能性のあるクリエイターへの声掛けや、イベントの立ち上げで協力をしてほしいと、個別に話をした。この3名が立ち上げの協力に賛同してくれれば、「面白い」クリエイターがこの空きビルに興味をもって集まってくれると、確信があった。

「ずっとこんな場所がほしかったんだよ！」

立ち上げの話をしたとき、湊さんがそういって喜んでくれたのが、すごく嬉しかった。紹介したい人がいるといって、その場で何人ものクリエイターと連絡を取ってくれた（じつはこのとき声を掛けたメンバーが現在シェアアトリエの主要メンバーのひとりになっている）。

手づくり市を主催する宮川さんも、構想を話すと、毎年何百人と出会う作家さんたちの次のステップアップの場所ができると、協力を快諾してくれた。伊藤海苔店4代目の伊藤信吾さんもまた、古くから親交のある店舗とともに、立ち上げに向けたイベントなどで協力をしたいと申し出てくれた。

心強い3名がアドバイザリーパートナーとして加わり、立ち上げに向けたチームは、まったく異なる職種をもった6名となった。

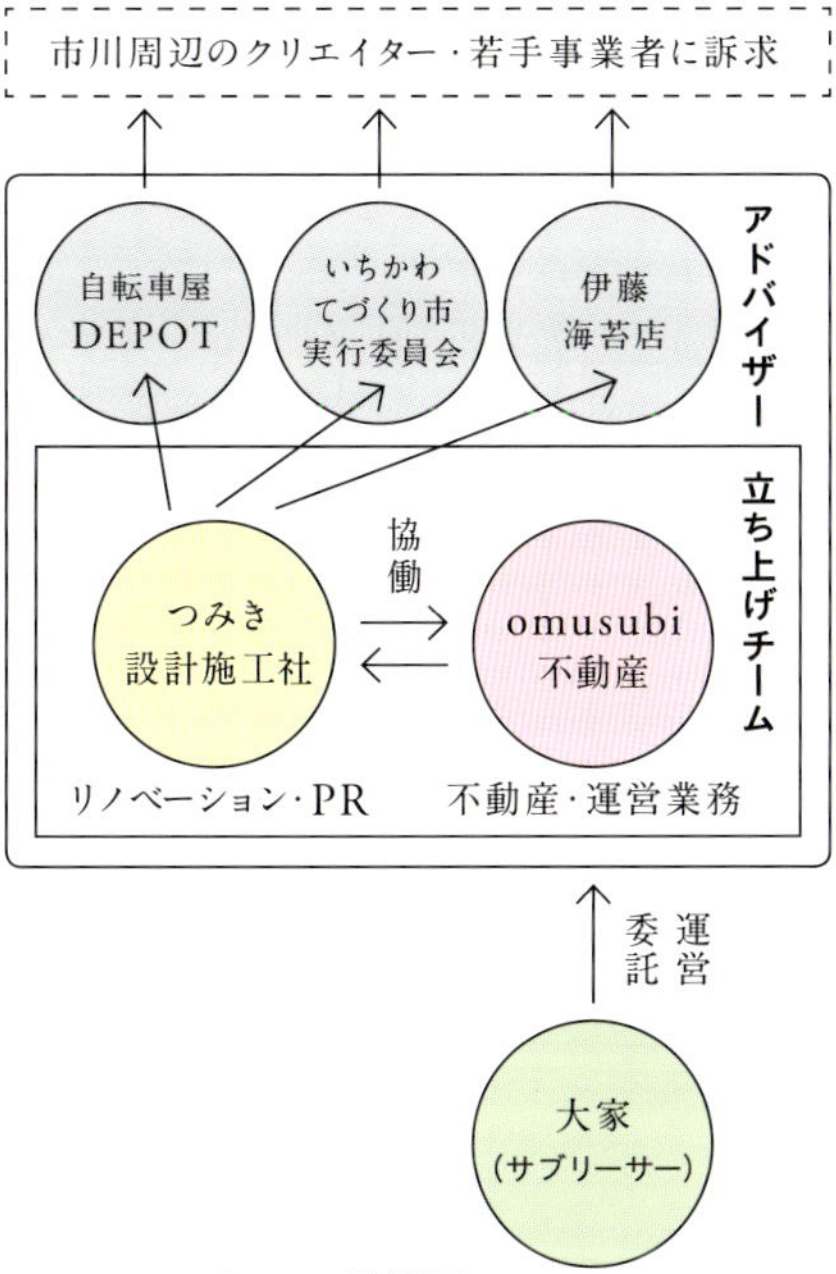

プレイヤー関係図3

❹ 自らがコミュニティの主体となる

チームは大きくなったものの、この空きビルに入居してくれる人はまだ見つかっていない。シェアアトリエといえば聞こえはいいが、現時点の空きビルは「廃墟」だった。

一番初めに入居すると手を挙げる人のことを想像しても、この廃墟ビルに、ひとりぼっちになってでもスペースを借りたい人がいるとは、どうしても思えなかった。価値観をわかち合える仲間が近くにいる環境こそが、シェアアトリエの一番の価値だ。

廃墟ビルがシェアアトリエへ変化する本当のきっかけは、コミュニティの主体者が出現することなのではないか。

じゃあ自分たちが第一の入居者になろう、と決めた。そうすれば「わたしたちもビルに入居するので、一緒に盛り上げましょう！」と声を掛けることができる。何より、入居すれば、このシェ

シャッターを開ければ明るい加工場に早変わり。この日は大工の竹平さんのプレカット工場となった

アアトリエを自分たちが一番楽しむことができる。いまだ見ぬシェアメンバーと出会い、新たな協働も生まれるかもしれない。

施工に用いる資材や工具を保管したり、木材の加工場が必要だったこともあり、一階のスペースをつみき設計施工社で借りることにした。高さのある電動シャッターを開ければ、道路と面する大空間——このビルで一番魅力的なスペースだ。

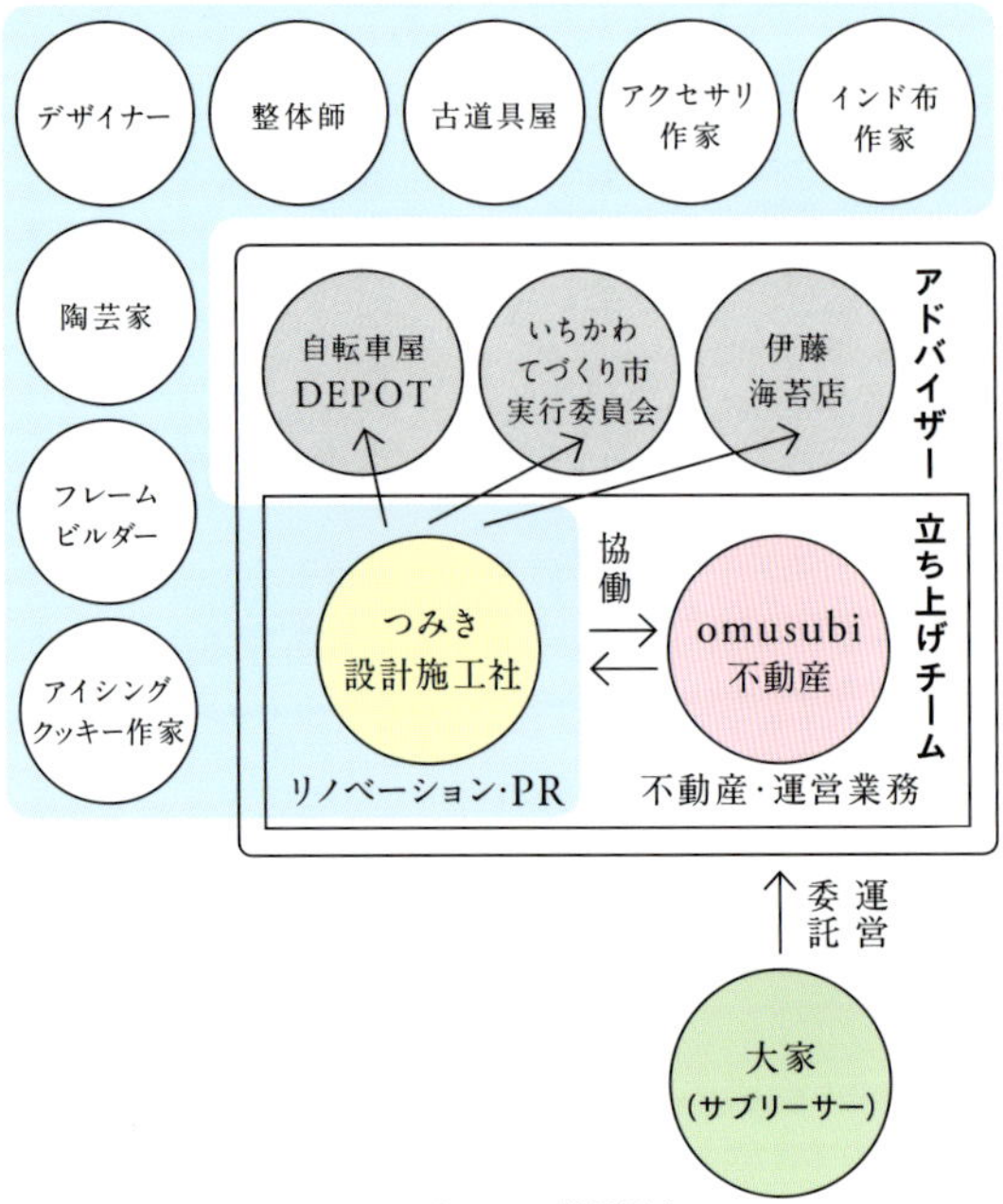

プレイヤー関係図4

phase 2 リサーチ

❶ 建物の活用ポテンシャルを確認する

チームづくりの終盤では、リサーチを同時進行で行った。まずはビルの現地調査に入り、建物の寸法や状態を確認、おおざっぱな間取りを設定したところ、ビル全体で九つのスペースがつくれることがわかった。1階・2階・3階・屋上のフロアごとで内装の状態・雰囲気がまったく異なり、ものづくりを行う手作り作家・職人から、PC作業を主とするクリエイターまでさまざまな職種を受け入れられそうだ。細かな設計やデザインは、この時点では行わなかった。

❷ エリアのポテンシャルを確認する

続いて、空きビルが立つエリアの立地特性を整理した。このビルの近隣環境がシェアアトリエに適しているかを確認するためだ。ビル敷地を中心に【市川市エリア】と【徒歩圏内エリア】のふたつのスケールで状況を整理し、メンバーで共有した。

エリア情報

【千葉県市川市】

概要：江戸川を挟み東京都江戸川区に隣接するベッドタウンとして発展している。人口47万人、南北に約10km・東西に約8km広がる。数多くの文豪や芸術家のかつての居住地として知られる。

競合状況：芸術家のアトリエや子ども向けアトリエは散在するが、複数の若手クリエイターを対象としたシェアアトリエは、確認できなかった。

【徒歩圏内エリア】

概要：徒歩圏内エリアは、一軒家と2-3階建ての賃貸アパートの混在する住宅地。駅から徒歩20分以上掛かり、空室も散見される。店舗は数える程しかない。ビルから徒歩1分で、江戸川河川敷に至る。春から秋には家族連れでのさまざまなアクティビティが行われる。屋上からは、市川納涼花火大会の花火が近くで見られる。ビルの目の前には、京葉道路（高速道路）が走る。

競合状況：シェアアトリエはもちろん、文化的機能をもった施設は確認できなかった。

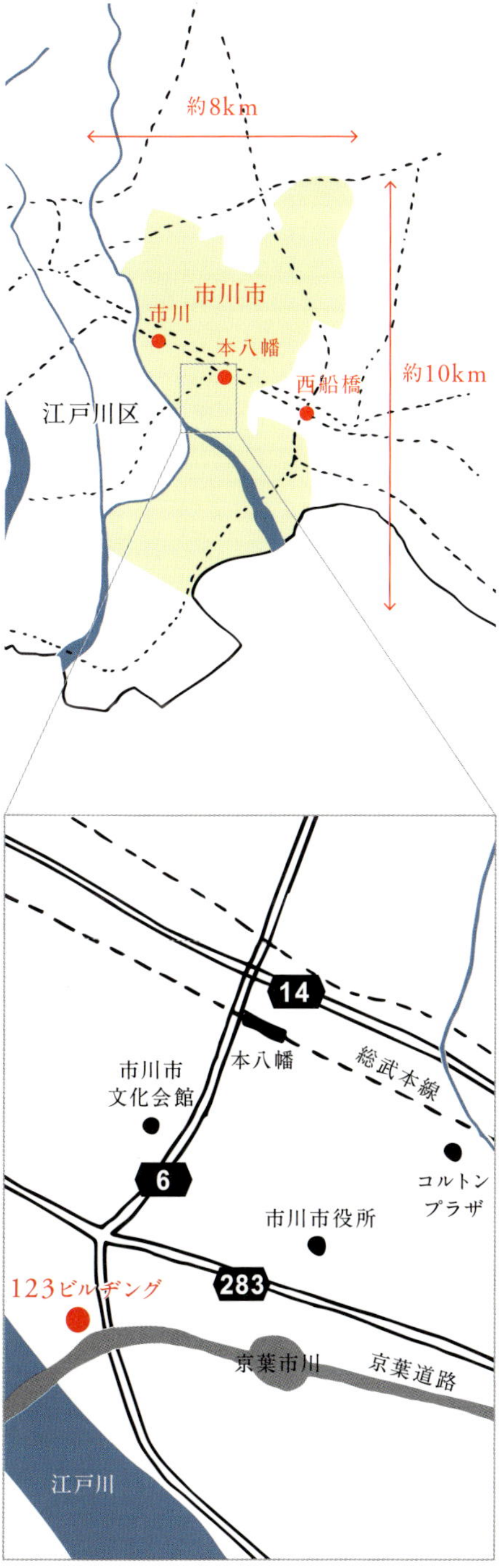

以上から、シェアアトリエの立地特性を次のようにまとめた。

特性1

東京都内ではすでに数年前よりシェアアトリエは増加し、競争状態にある。しかし隣接する市川市に競合施設はない。47万人都市で「初」のシェアアトリエとなれることは、大きなチャンスである。

特性2

駅からの距離は徒歩20分と遠い。しかし東西南北に10㎞程度に広がる市街地のちょうど中央部に位置し、市川市在住者なら、20分あれば自転車でどこからでもアクセスできる。しかも、近隣を流れる江戸川沿いの自転車ロードを使えばなおさら気持ちがよい。

エリア特性の整理を通して、この街のこの場所に「市川市在住者をターゲットにしたシェアアトリエが生まれること」が少しだけ現実味を帯びてきた。

③ ターゲットを想定する

次に、シェアアトリエを誰に利用してもらいたいか、アイディアを出し合った。エリアの特性を参考にしながら、できるだけ具体的な利用者像をイメージしようと意識した。話し合いを通して、2パターンの利用者像が抽出された。

利用者像A 市川市在住の手づくり作家

手作り市*2などで布製品・革製品・焼き菓子などの作品を出展する作家。現在は市川市内の自宅で製作を行っている。作品にファンがつき始め、自宅スペースだけでは手狭になっている。ほかでスペースを借りたいが、テナントやマンション一室を借りるには家賃が高く、まだ手を出すのが難しい。

利用者像B 市川市在住だが活動の拠点を都内に求めるクリエイター・若手起業家

IT・WEB関連のクリエイター・若手起業家。市川市在住だが、活動拠点を都内のシェアアトリエ・オフィス等にもち、毎日都内まで満員電車で通っている。PCがあれば働けるので、場所はどこでもよいのが本音。市川市内で働けるなら楽だが、価値観の合う人との出会いや交流も欲しいと考えている。

*2市川市内では、手づくり市が活発である。JR市川駅前で開催される「チクチクカタカタワイワイ市」には、毎年2回、80組以上の市川周辺在住の作家が集まる。また市内で最大のショッピングモール敷地内で年1回開催される「工房からの風」には全国から選りすぐりの作家作品が集結することで有名。

人物像を限りなく「具体的」に想定することにこだわった。それらがメンバーで共有されることで、これから、どのような人を巻き込んでいくのか、どんな属性の人たちに情報を届けるのか、という大きな方向性を絞り込むことができた。

④ 家賃と改修スキームを設定する

エリア特性・人物像をもとに、賃料の設定を行った。omusubi不動産殿塚さんは、前職でシェアアトリエの運営業務*3の経験があった。スペースの広さ・内装の状態・エアコンの有無などを指標に、1万円~3万2千円の家賃が設定された。

ビルの改修スキームは以下のように設定された。電気・水道設備の整備・共用部の最低限の改修費用を、オーナーが負担する。一方、各スペースの内装リノベーションは各入居者に委ねられる。DIYやリノベーションで好きな空間にカスタマイズすることができるが、改修費は入居者が負担するというスキームだ。オーナーの初期投資が低く抑えられるため、同じエリアでの家賃相場よりも格安な家賃設定が可能になる。

phase 3 プロモーション+リノベーション

① アトリエの名称を決め、ロゴを作成する

事前の調査プロセスを経て、エリアの特性と利用者の人物像が浮かび上がってきた。次のステップは、その人物像にリーチするためのプロモーションだ。

プロモーションの準備作業として、シェアアトリエの仮名称を決めることにした。これから多くの人に立ち上げの話をもち掛ける際に、明快な方向性やイメージを示すためだ。

メールのやり取りを通して、メンバー内で名称候補を出し合った。たくさんの候補から決めた名称は、「123ビルヂング（いちにっさんビルヂング）」。市川在住のクリエイターの1歩目を

応援したい——そんな思いを込めた。名称を決めたミーティングの最後に、夏目さんがその場で手描きのロゴを作成した。

❷ キックオフパーティ@空きビル

「キックオフパーティ」を企画した。より多くの人たちにシェアアトリエの立ち上げを知ってもらうことが目的だ。

立ち上げチームの6名が、周囲のシェアアトリエに興味をもってくれそうな人に声掛けをした。Facebookでイベントを立ち上げ、来てもらいたい人には直接メッセージを送って招待をした。

当日、キックオフパーティに集まったのは20名ほど。ものづくりやアート活動を行う個性的なメンバーだった。パーティの内容は、初めの15分でシェアアトリエの概要を話し、後はビールを飲みながら、空きビルの中をめぐるツアーをするのみ。これが、予想外に盛り上がった。

KICKOFF
123ビルヂング®
市川初のシェアアトリエ
ビル一棟ぜんぶ。
ここにしかない場所を
つくり始めるパーティ。

「この照明のレトロ感がたまらない」「古びた大理石の壁が味わい深い」などポジティブな反応ばかりだった。参加者たちが、私たちだけでは気がつかなかったビルの魅力を発見していった。とくに驚いたのは、一見気味が悪いほどボロボロの内装だった3階の人気が高かったことだ。気兼ねなく自由に製作活動ができそうで、逆にそんなスペースは欲しくても見つからなかったそうだ。

参加者の内の2名が、その場で入居を決めた。アイシングクッキー作家の春山由美子さんと、自転車のフレームビルダーのtama5さん。自身の製作スペースを、以前から探していたそうだ。

9スペース中、3スペースの入居が決まった。

❸ 募集サイトのリリース

omusubi不動産のウェブサイトで、各スペースの入居者募集をスタートした。同社が紹介するさまざまな物件と並んで、シェアアトリエの各スペースの様子や賃料を閲覧することができるようになった。

キックオフパーティーの様子

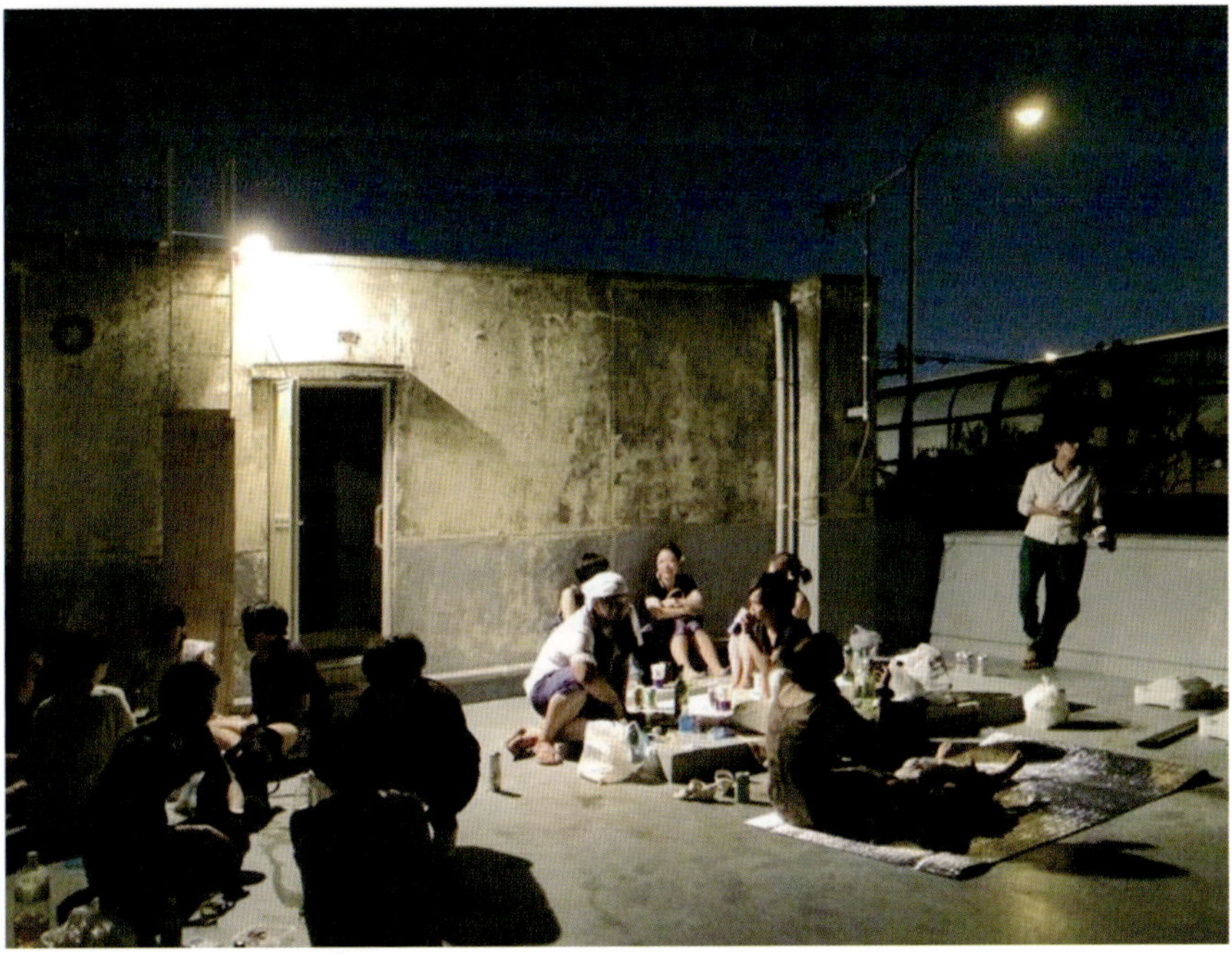

後半は屋上へ移動し、熱い夜を過ごした

殿塚さんの知り合いで、建築関係の活動を行う宮石さんがこの時点で入居を決めた。

❹ DIYイベント＋リノベーション

いよいよ、ビルのリノベーションがスタート。「ビルの大清掃ワークショップ」として告知したところ、入居者やキックオフパーティの参加者を中心に12名ほどが集まった。積もりに積もった床のカビをこすって落としたり、共用階段に最上階から水を流してデッキブラシでこすったり。長年の垢が落ちていく様子は、壮快だった。ワークショップの締めくくりには、玄関ドアの上に「123ビルヂング」のロゴをスプレーで描いた。

また、各スペースのリノベーションも始まった。1階に入居する「トリゴエカナ」のアイシングクッキーアトリエの工事からスタート。つみき設計施工社が内装のデザインと工事を担当した。大工工事と設備工事を同社が担当し、塗装仕上げ工事は、由美子さん親子にもDIYで参加してもらい一緒に行った。

つみき設計施工社が入居するスペースでも「改装ワークショップ」と題し、DIY工事参加者を募った。関東各地から集まった10名程の参加者と一緒に、塗装作業や工具を仕舞うための収納づくりを行った。

アトリエスペースをつくるための間仕切り工事や鍵の取り付け工事なども同時に行い、廃墟ビルは人の手が加わることで、徐々にシェアアトリエへと変わっていった。

❺ 場開きイベントを開催する

九スペース中4スペースのリノベーションが完了し、利用が始まった。リノベーションされた内部空間や活動の様子を実際に見てもらうことが、残りのスペースの入居促進につながると考え、イベントを開催した。「素材の博覧会」と題して、各入居者の作品・道具の展示や、ものづくりの体験ワークショップを開催した。

事前にイベントのチラシを近隣の住宅にも配布したため、近隣から数名の家族連れが当日のイベントを訪れてくれた。

7月の市川市民納涼花火大会では屋上を開放した。招待は入居者やアドバイザリーパートナーとその知人までに限定したが、当日は100名以上の人が屋上での花火見物を楽しんだ。

このような複数のイベントを通して、シェアアトリエの存在や活動について、多くの人に知ってもらうことができた。

❻活動の様子＋募集情報をSNSで拡散

キックオフからの活動の様子やシェアアトリエのコンセプトを1ページにまとめたディザーサイトを立ち上げた。各スペースの家賃や広さなどの詳細は、omusubi不動産サイト上の物件詳細ページにリンクを貼り、そこから直接「内覧申し込み」ができる。

① ディザーサイトを関係者のSNSで拡散
② 物件詳細ページにジャンプ
③ 内覧申し込み

ディザーサイトは、入居メンバーや関係者のFacebookを使って拡散した。「市川市初のシェアアトリエ」「市川市周辺在住の方へ」などをキーワードに、市川市在住者向けの情報であることを強調して投稿を行った。その結果、市川市在住者周辺でのシェア数が伸び、順調に情報拡散が行われた。

ロゴマークをスケッチで検討

同時に、omusubi不動産サイト上の物件詳細ページへも多数のアクセスが流入し、複数の内覧希望が申し込まれた。内覧案内は、omusubi不動産が担当した。物件を案内すると同時に、入居希望者の活動等のヒアリングを行い、審査を行った。

拡散後およそ2週間で、残り5スペース中4スペースの入居が決まった。グラフィックデザイナー、ガーデンデザイナー、古道具商、陶芸作家と、業種は多岐に渡る。

順次、各スペースのリノベーションが、入居者とつみき設計施工社の協働で行われた。

最後の1スペースにも複数の申し込みがあったが、3階入居メンバーの知人である、インド布デザイナーが最終的に入居を決めた。

❼立ち上げから半年で満員御礼

4月のキックオフから約半年間で、シェアアトリエは満室となった。2016年1月には、入居メンバーが玄関や階段などの共用部などのリノベーションを行った。1月23日、満室になって彩られたビルのお披露目会として「グランドオープニングパーティ」を開催した。

123ビルのお披露目会「グランドオープニングパーティ」の様子

CASE 7

妙典・蔵ギャラリー

分断された街の交流地点をつくる

妙典にお住いの横川貞夫さんは、街を住みよく、面白くしたいという思いを強くおもちの地主さん。

自宅敷地にある蔵を街のために役立てたいというご相談をいただきました。

この地域はちょうど敷地近くの幹線道路を挟んだ北側が旧市街地で、南側が新市街地。街が分断された状態でした。

この蔵を、市民によるイベントや展示ができるギャラリーにリノベーションして、旧市街地に古くから住む住人と新市街地に住む若い世代の住人の交流をつくることを目標に定めました。

地元の方々が集まる拠点となりつつある蔵ギャラリー

横川さんが主催し、定期的に開催されている蔵ギャラリーでの手づくり市

人が集まるしかけをつくる

敷地にはすでにレストラン、カフェ、ワークショップやセミナーが行えるレンタルスペースがあり、人を集めるポテンシャルをもっていました。

私たちは、この地域で街づくり活動と研究を行っていた穂苅耕介さんと設計者の丸山潤さんに声を掛け、蔵ギャラリーのデザインとその使い方のみならず、敷地内に複数ある施設を「群」としてブランディング・PRするスキームを提案しました。敷地一体を「妙典なかなか小町」と名づけ、街歩きマップなどのエリアのPRツールの製作を、建築設計と並行して進めました。

竣工お披露目の際には、妙典の関係者を集めて、この蔵ギャラリーの活用作戦会議を開き、そこで生まれたアイディアをもとに、「酒パンナイト」というイベントを企画、開催。地元の方々を招き、蔵ギャラリーのことを知ってもらい、つながるきっかけとなりました。

現在は、横川さんが主体となって、定期的に手づくり市を開催するほか、ワークショップやフリーマーケット、作品展、

つみき設計施工社が穂苅氏、丸山氏とともに主催したイベント「酒パンナイト」の様子。建物をつくるハード面だけではなく、活用方法の模索やパンフレットの制作などソフト面についても、打ち合わせを重ねてきた

パソコン教室、セミナー、落語会、ストレッチ教室など、「妙典なかなか小町」の施設をフル活用させながら、さまざまなイベントが開催されています。飲食店を含めてお店が少ないこのエリアを、賑やかにしていくことが横川さんの目標です。その取り組みは2007年と15年の「市川市景観賞」を受賞するなど、少しずつ認知されてきています。横川さんご自身の主催する、蔵ギャラリーでの手づくり市では、いろいろな商売の種をもつ出店者を定期的に招くなど、住んでいて楽しい街づくりを一歩ずつ進めています。

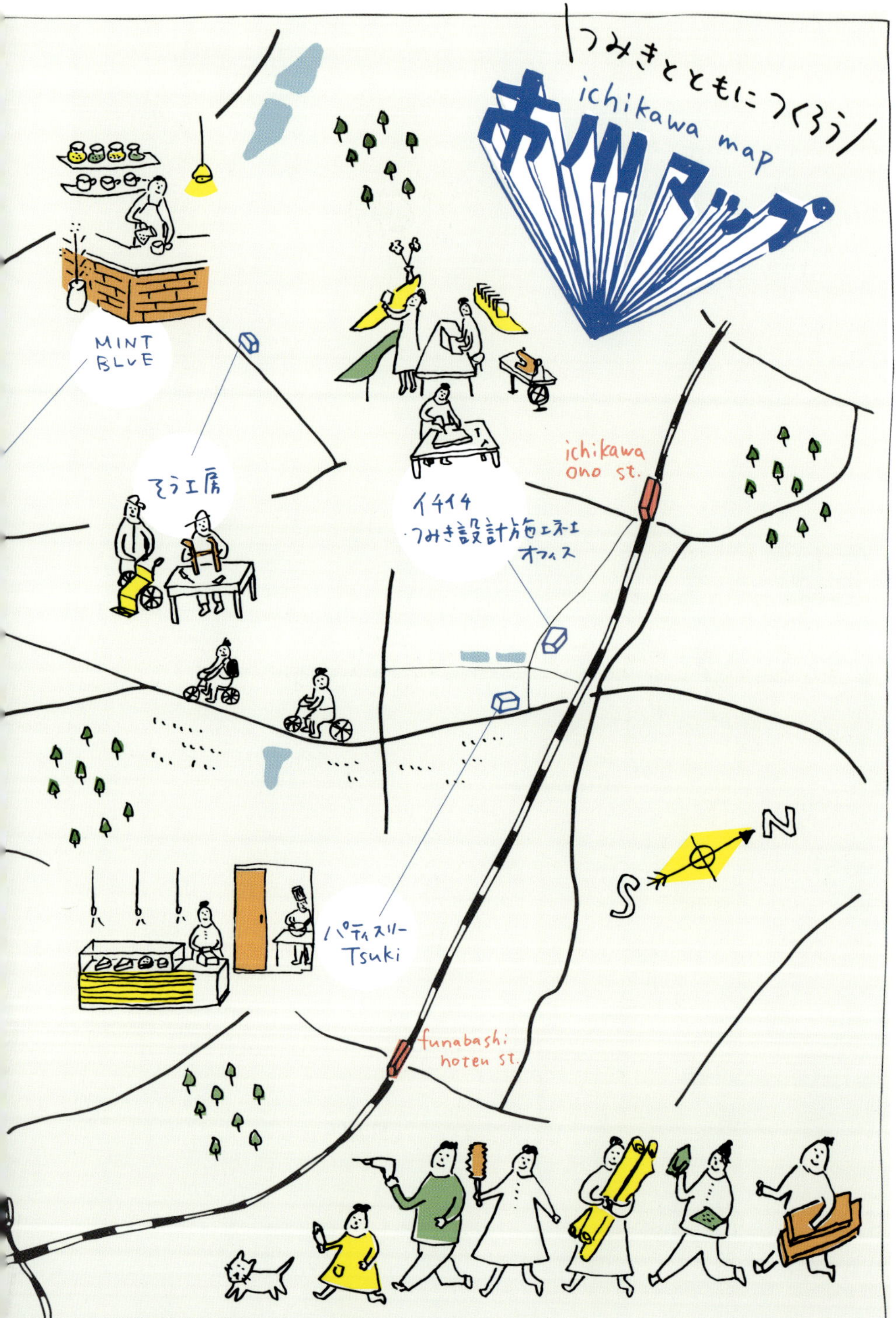
つみきとともにつくろう
市川マップ
ichikawa map
MINT BLUE
そう工房
イチイチ
つみき設計施工社
オフィス
ichikawa ono st.
パティスリー
Tsuki
funabashi hoten st.
N
S

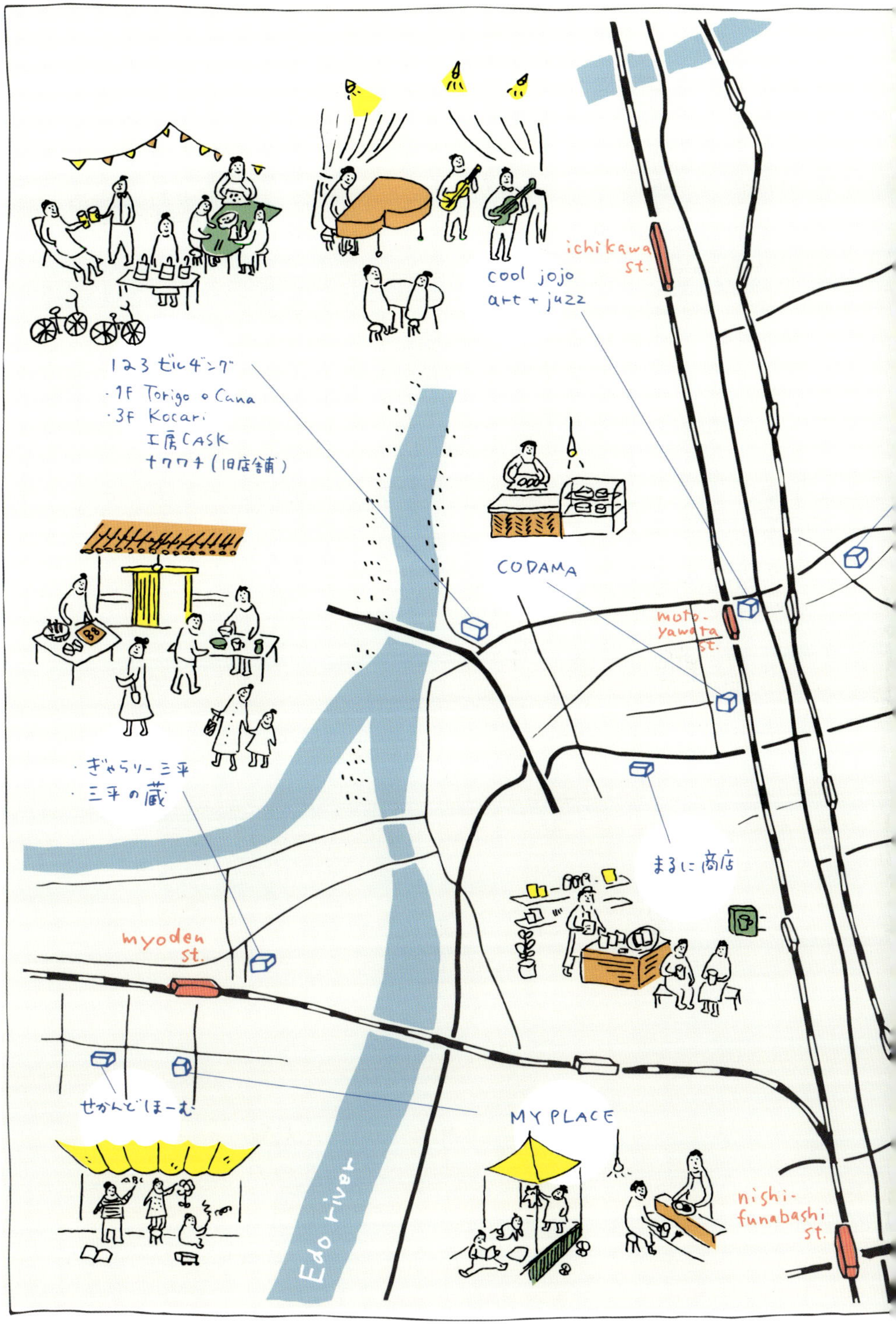
ichikawa st.
cool jojo
art + jazz
123 ビルヂング
・1F Torigo ◦ Cana
・3F Kocari
工房CASK
ナワワチ（旧店舗）
CODAMA
moto-yawata st.
ぎゃらりー三平
三平の蔵
まるに商店
myoden st.
せかんどほーむ
MY PLACE
Edo river
nishi-funabashi st.

つみきだより3

つみきとつくる ロゴマーク

店舗設計と併せて、ロゴマークのデザインも一緒にご提案することもあります。どんなお店にする？お客さんのターゲットは？具体的なお店のイメージや展望を伺いながらロゴをデザインし、お客様をお出迎えする「顔」となる看板の製作も行っています。

焼きたてパンとおやつのお店「マルサン堂」。看板は鉄板を錆びさせてアンティークな印象に。

ハーブティーカフェ「MINT BLUE」。クリーンで洗練された店内を、ロゴでも表現。

4 住まい手が自由に彩る

カタログのなかから素敵なものを選ぶのもいいけれど、やっぱり自分好みの、世界でひとつしかないものをつくりたい。それはけっこう大変なことだけれど、設計者、職人さん、お施主さんが、小回りの利くひとつのチームとなることで実現できます。

安く、早く、たくさんつくる時代ではなくなった今、ともにつくる小さな工務店が世の中にどんどん増えることを願ってやまないのです。

CASE 8

松戸・中村邸

つみきとともに暮らしを描く

中村さんご家族は、建築や家具がお好きな、素敵な3人家族。「omusubi不動産」でリノベーション向け物件を購入後、つみき設計施工社とともに設計、施工を進められました。

居心地の良い中村さんご一家のリビング空間

こだわりや遊び心を詰め込むところと、現状を生かして予算を抑えるところ。職人さんにきちんと仕上げてもらうところと、DIYに挑戦するところ。

打ち合わせを重ね、現場での時間をともに過ごすなかで、少しずつイメージを形にしていきました。住まいづくりの主役はいつでも住まい手。でも、私たちが日々目指すのは、つみきとつくることで、もっと楽しく、もっと自由に、住まい手さんの暮らしのイメージが広がることです。

土を混ぜた優しい色味の漆喰を壁面に提案したリビング

ご主人も漆喰塗りに挑戦

娘さんも蜜蝋ワックスを塗ってくれた

1歳の娘さんも参加した DIY工事

中村邸では3回のワークショップを実施。

リビングや和室の壁の漆喰は、左官職人さんの指導のもと、ご家族、友人が集まり、賑やかに塗りました。

リビングのフローリング張りや収納部屋のカーペットタイルの敷き込みはご夫妻がDIY。床板に蜜蝋ワックスを塗る作業には当時1歳の娘さんも参加されました。

収納部屋の棚づくりにはご主人のご家族もDIYで参加された

収納部屋のカーペットタイルの敷き込みは
ご夫婦の協働作業で

一部に板間を提案した和室。畳縁なしのすっきりとした空間には和も洋も馴染む

好きなこと、好きな空気感を共有してつくる

CLIENT INTERVIEW ―中村 名律子 × 殿塚 建吾/omusubi不動産 × 河野 桃子

お子さんが生まれたタイミングで家探しを始め、つみき設計施工社にリノベーションを依頼された中村さんご夫妻。奥様の名律子さんと、仲介から家づくりに携わったomusubi不動産の殿塚建吾さんを交え、家づくりのプロセスについてお話させていただきました。

殿塚 建吾／omusubi不動産

暮らし方をイメージしながら選択肢をひとつひとつ吟味して

殿塚　中村さんがこのマンションを購入されたきっかけを教えていただけますか？

中村　もともと建築が好きで、自分の理想の空間に住むことに憧れていました。ただ本当に自宅を購入しようだなんて、最初は思ってもみませんでした。たまたま近所のomusubi不動産にお話を聞いてみたら、物件探しから、不動産投資の判断サポートだったり、設計や施工者選びまでワンストップでお願いできるということで、それだったら仕事の合間を縫ってでも家づくりができるかも、とどんどんその気になってしまって（笑）。

ちょうど子どもが生まれ、家にいる時間も増えたので、どうせだったら心地いい環境に住みたいなと思い始めていたことも大きかったですね。

殿塚　名律子さんからは、建築家の中村好文さんの設計や、柔らかい雰囲気、素材を生かすデザインが好きだと伺って、すぐに「つみき設計施工社」さんに紹介しようと思い立ちました。連絡を取ると「僕たちも中村好文さんは一番好きな建築家です」とのことで、これは間違いないな、と。実際、ご夫妻はほかの設計者や工務店に話を聞くこともなく、つみきさんに即決されていました。

中村　はい。ただ、実際は手探りで恐る恐る進んでいるところもありました（笑）。

桃子　たしかに、中村さんご夫婦との最初の打ち合わせでは、お好きな音楽やアート、デザインなどのお話ばかりお伺いしていて。おふたりの価値観や暮らし方をきちんと理解したく

中村 名律子

て、「あんな感じが好き?それともこんな感じ?」といろんなボールを投げていたのですが、設計の話がなくて、もしかしたら、「(つみきに依頼して)大丈夫かな?」と不審に思われていたのかも(笑)。3回目ごろにようやく、具体的な家のプランについて打ち合わせさせていただきました。

殿塚　具体的にはどんな風に計画が進んでいったんですか?

中村　まず予算を決めました。決めたことで、やりたいこと全部はできないんだなとわかって。つみきさんの提案もあって、間取りは変えないことにしました。

桃子　キッチンについては、オーダーがいいかシステムがいいか、CGや模型で検討しながら、最終的に価格を抑えたシステムキッチンを導入して、その予算で、手前にご家族の暮らし方にあった収納家具を新しくつくることになりました。キッチン以外でも、それぞれ三つほど選択肢を示しながら、予算を掛けるところと掛けないところを、暮らし方をイメージしながら決めていきました。

職人さんとの時間、オフタイムも楽しく共有して関係性をつくっていく

殿塚　DIYのワークショップを何度かされていましたよね。

桃子　はい、いつもできるだけ職人さんと依頼主の方が接する機会をつくりたいと思っているんです。中村邸では3回のワークショップを実施しました。1回目は収納部屋のカーペット

リビングからのキッチンの眺め

張りとリビングのフローリング張り。2回目は収納部屋の棚づくり、3回目はリビング・和室の壁の漆喰塗りでした。
　リビングのフローリング張りは当初予定していなかったのですが、大工の忍田さんと接していただく機会がないなと気づいて、急遽企画することにしたんです。

中村　1回目は私と主人だけだったんですが、2回目は主人の両親や、3回目には私の友達も参加しました。1回目は桃子さんがサンドイッチをつくって来てくださったんですよ。

桃子　オフタイムを皆で楽しく共有することも大切にしているんです。ですから今回も、サンドイッチパーティのような時間を設けました。

殿塚　そういう時間の積み重ねで、「依頼主と工務店」ではなくて、お互いに下の名前で呼び合うような、フレンドリーな関係が生まれてくるんですね。

桃子　そうですね。設計の段階では、ほとんど名律子さんと私で決めていったんですが、打ち合わせにも次第に、子供連れで伺わせていただくようになって。打ち合わせの横で、子ども同士が遊んでいるっていう図ですね。もちろん依頼主の方によってはそこまで踏み込むようなことは控えたりもするんですけど。お互いに自分のプライベートな素の部分も見せてしまったほうが、何でも相談していただける関係性になりやすいのかなと思っています。

中村　依頼する前までは、やりとりがうまくいくか心配な部分も大きかったんですが、実際に始めてみるとすごくスムーズに進んでいきました。桃子さんとのママ同士のタッグも良かったのかもしれない。

サンドイッチパーティの様子

プランから素材からディテールからすべて自分で決めなくてはいけないので、それが苦痛な人には辛いかもしれませんが、私たちにはこの家づくりがとっても楽しかったです。

いま、ちょうどこの住まいに越して半年が経つんですが、友達や家族が遊びにくると「気持ちいいい家だね、長居しちゃうね」って、よく言われますよ。

WORKSHOP METHOD 7

ペンキ塗りワークショップ

ペンキ塗りは、コツさえつかめば誰でも気軽に楽しめるDIYの初級コンテンツ。ここではオススメ塗料や、ワークショップで注意が必要なポイントを紹介しよう。

1 ワークショップ計画

塗装後の空間イメージを依頼主と共有し、ワークショップ計画を立てよう。

①施工範囲の決定

塗装を行う範囲を決め、面積を算出する。色の塗り分けがある場合は、色分けの位置を細かく決める。

②材料の調達

【ペンキ】

ペンキの色と種類を決める。ワーク

ショップで塗装を行う場合は、有機溶剤の含量の少ない・無い低臭タイプの水性塗料がよい。

【オススメ自然塗料ペンキ】

FARROW&BALLとButtermilk Paintのふたつは塗りやすく、色味もやさしく使いやすいので、オススメだ。

FARROW & BALL

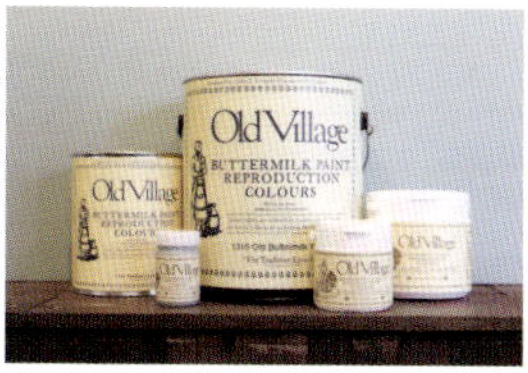

Butter milk Paint

【シーラー】

木部や古い壁面や天井に塗装する場合は、ヤニや汚れが表面に染み出してこないよう、シーラーを事前に塗装する。

【プライマー】

金属やポリ板など、ツルツルの面に直接ペンキを塗装すると、ペンキがうまくのらない場合がある。プライマーを事前に塗って、密着性を向上させる。

③道具の準備

塗るための道具

・ローラー
・ハケ
・ペンキ用バケツ
・紙コップ

養生するための道具

・マスキングテープ
・マスカー
・床養生シートなど

Point　ペンキで汚れても構わない服装で

ペンキで汚れても問題のない服装と靴で来るよう、事前に参加者に伝えておくこと。

2 事前準備

塗装面の仕上がりは事前準備でほぼ決まるといっても過言ではない。事前準備は丁寧に行おう。

①際《きわ》の塗装

際の仕上がりが、全体の仕上がりの良さに大きく影響する。

床と壁の際や、異なる色の塗り分けラインなど、細かい部分の塗装は事前にスタッフが済ませておくか、ワークショップ後にスタッフが行うことをオススメする。

② 養生

塗装ワークショップの際には、しっかりと丁寧に養生する。詳しい養生の方法は「左官壁塗りワークショップ（70ページ）」を参照のこと。

ただし、ペンキ塗りの際の壁養生には「汚れ防止のためのマスキングテープ」の使用は不要で、「境界線をきれいに仕上げるためのマスキングテープ」の上に直接マスカーを貼ろう。また、塗る面から塗り厚分の隙間をあける必要はない。参加者がペンキバケツをひっくり返してしまうなど、万が一の状況も考えて、床の養生は徹底しよう。

③ ペンキの注ぎ場

ペンキをバケツや紙コップに注ぐための場所を決めておく。一斗缶からバケツに注ぐのはスタッフが行う。ペンキやバケツの下には、大きめのブルーシートを敷く。

Point
こぼしにくい注ぎ方

大きなバケツにペンキを注ぎ、おたまなどを使って、各々のペンキバケツや紙コップに注ぐと、周囲にこぼれにくい。

3｜ワークショップ本番

参加者とスタッフの自己紹介と作業内容の説明が終わったら、いよいよ作業をスタート。

① 実演

まずはスタッフが、ローラーとハケの両方を使って、塗り方を実演する。ローラーを勢いよく動かすと、塗料が周囲に飛び散る。「ゆっくり」と塗ることを、参加者に始めに伝えよう。

ペンキを塗り重ねて年月を重ねたようなアンティーク加工も

明るめの白と暗めの白をランダムに塗ると…漆喰のような仕上がりに！

また参加者の手元にはウエスを置くようにし、ローラーや刷毛から塗料が床にこぼれ落ちたときは、すぐにウエスで拭き取るよう参加者に伝える。そのままにしておくと、靴の裏に塗料が付いて、部屋中の床に塗料を広げてしまうので注意しよう。

Point 天井の塗り方

天井をローラーで塗る際、ローラーが頭上を通過するように塗ると、頭からペンキを被ってしまう。自分の頭より手前までを、ゆっくりと塗るようにする。

Point 脚立の取り扱いに注意

脚立の転落による怪我には注意が必要だ。天井の塗装では、ローラーの「伸ばし棒」を使えば、脚立が必要ない。そのほか、手の届きづらいところで脚立が必要なときは、スタッフが必ず側に付くようにする。

② DIYスタート

塗り方と注意点を伝えたら、参加者でのDIYがスタート。定期的に換気したり、休憩を頻繁に取って外の空気を吸うなどして、塗料で気分が悪くなることがないよう注意しよう。

下地にマグネット塗料を
仕込ませれば、
ペタペタくっ付く
マグネットの壁に大変身
好きな色のペンキ
マグネット塗料

下準備のマスキングで
ストライプ模様も
簡単に！

WORKSHOP METHOD 8

家具づくりワークショップ

布の座面が可愛い椅子をつくるよ

いざ！　始めるとなると、材料を買いに行くのも、道具を揃えるのも意外と大変な家具づくり。なかなかその一歩が踏み出せない人も多いはずだ。

ここでは家具職人gyutto designの大沼勇樹さん指導のもと、その最初のハードルを越えることを目的として開催されたワークショップを事例に家具づくりワークショップのノウハウを紹介しよう。

1 ワークショップ計画

ほかのワークショップと同様、依頼主の希望や目的に合わせ、どこまでをワークショップでの作業とするか、事前に打ち合わせ、計画を立てる必要がある。

今回のワークショップで製作したのは布張りのスツール。木で骨組みをつくり、布貼りの座面を付ける本格的なものだ。

①目的の設定

ワークショップに来てもらう人に、どんな体験をしてもらいたいかを明確にする。

今回は次の3点を目的とした。

1 工具を使えるようになってもらう。具体的には電動ドリルでビス止め、ノコギリでダボ切り、タッカーによる椅子張りを体験・習得してもらう。

2 自分がこれから使うものをつくっている、という意識をもってもらう。

3 次の家具づくりへのモチベーションをもってもらう。

設計、事前準備もこの3点に配慮して行う。

②道具、材料の準備

布張りスツール製作に用意する道具、材料は以下の通り。

必要な道具

- 図面、組立図
- 鉛筆
- 定規、コンベックス、直角定規、スコヤ
- 電動ドリル
- ダボ穴用ドリルビット φ10㎜
- ダボ切り用ノコギリ
- ゲンノウ
- タッカー

布張りスツール製作に必要な材料

- ビス　長さは45㎜、35㎜を用意
- ビスなどを入れておくための紙コップ
- 木工用ボンド
- 紙やすり　#120、#240、#400
- ダボ　φ10㎜（丸棒でも可）
- ウレタンスポンジ　厚さ10㎜
- 両面テープ
- 座面に張る布　500㎜角

2 事前準備

参加者の多いワークショップでは、安全面を考慮し、始めに作業場所と工具を戻す場所を決めておく。とくに工具は、ドリルやビスなど、踏んだら危険なものも多い。整理整頓を促せる仕組みを整えておこう。

座面は毎日触れる場所。
生地は厚くて
丈夫な布がおすすめ

また今回のような電動ドリル・ダボ切りノコギリ・タッカーの使い方に集中してもらう目的のワークショップなど、場合によっては、材料のカットは事前に行い、セットごとにまとめておく。

3 ワークショップ本番

いよいよ当日。スタッフはミーティングを行い、作業の流れ・役割分担を確認、また会場の整理、材料・道具の配置を行い、本番に臨もう。

①自己紹介、作業内容の説明

自己紹介をすませた後、全体の簡単な流れ、作業時間目安、工具の置き場所などを伝え、安全に行えるよう注意喚起を促しつつ、楽しんで作業に取り組めるようスタッフで盛り上げる。

今回の工程は以下の通り。

1 図面を見ながらビスを打つ位置に印を付ける。

2 ダボ穴用のビットで下穴をあける。

3 インパクトドリルでパーツをビス止めする。

4 座面以外が組めたら、下穴にボンドを入れながらダボをゲンノウで打ち込み、ダボ切り用のノコギリで出ている部分を切る。

5 座面の板とウレタンスポンジを布でくるみ、タッカーで椅子本体に固定する。

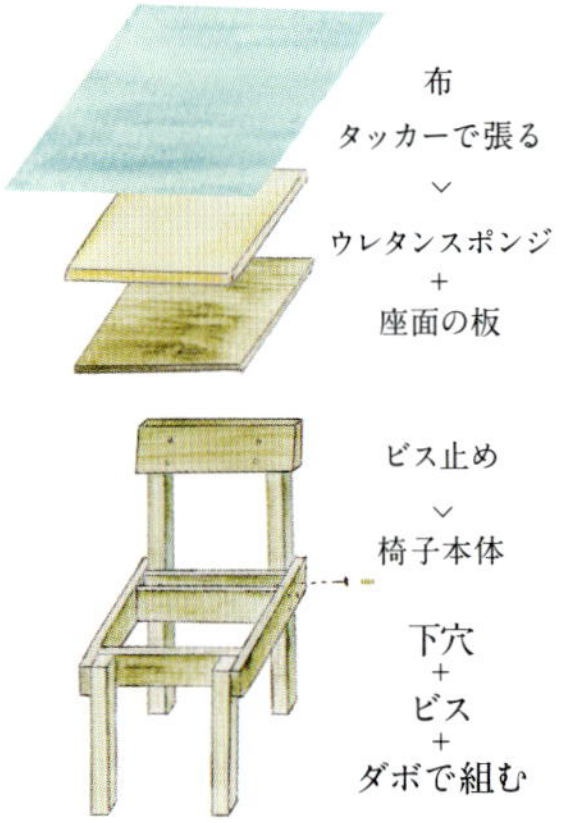
布
タッカーで張る
ウレタンスポンジ
+
座面の板
ビス止め
椅子本体
下穴
+
ビス
+
ダボで組む

②チーム分け

2〜3名でひとつのチームを組み、ひとつの家具をつくることが望ましい。できるだけ男女混合のチームとする。各チームに1名、スタッフが入り、スタッフ側と参加者のやりとりをスムーズに行えるようにする。

Point 参加者自身も「先生」に

チームでひとつの家具をつくることの意味は、講師の実践のレクチャーを見てわからないところがあったときに、すぐに聞けるパートナーがいたほうが作業が止まらないところにある。また、お互いのわからないところを補完しあえるので、自分たちの知識の定着にもつながる。

もちろんスタッフがすべてに対応できればよいが、人が多い場合はそうもいかない。そこで参加者自身に「先生」になってもらうことも大切な要素になる。

「先生」には作業が遅れているほかのチームへのヘルプに回ってもらい、最終的にはスタッフが関与せずに家具ができ上がるのが理想的だ。

4 作業スタート

必ず講師が実践しながらノウハウをレクチャーしよう。

講師は全体を回りながら参加者へ目を配る。チームに入っているスタッフはあまり手を出しすぎないように、製作が円滑に進むようなフォローをしていく。具体的にはボンドを準備する、ビスを取ってくるなどだ。

時折、間近で工具を使っているところを見せよう。参加者は目の前で技術を体感できる。また参加者が当日扱わない工具を持ち出すことも、今後の興味を引き出すきっかけとなる。たとえば、カンナで面を取ったり、ノコギリでキレイに切れずに残ってしまった木ダボをノミを使って平面に仕上げるなどだ。

Point
実際に目で見てもらうのが大事

講師は目で見て覚えてもらうことを意識してノウハウを伝える。

例えば、実際にドリルを使って見せながら、ドリルでまっすぐビスを打つときの力の加え方や注意点を伝える。また意外と迷ってしまうボンドの塗布量を実際に見せたり、ダボ切り用のノコギリといつも使うノコギリとの違いを説明しながら使い方を伝えたりする。

5 完成

参加者と講師のみんなで記念写真を撮ろう！ それからみんなのでき栄えをゆっくりと見比べ、些細なことで仕上がりが違ってくることを感じてもらう。

例えば面の取り方ひとつでもでき上がりの印象は大きく異なる。カンナなどでスパッと小さな切り面を取ればシャープな印象に、ヤスリで大きく丸い面を取れば柔らかい印象になる。

最後に材料をどこで・どうやって用意できるのかを忘れずに伝えること。そのノウハウは紙に記して参加者にくばるのもよい。題材にした家具の構造も改めて説明する。その構造を応用してほかの家具もつくれることなど、原理と応用も伝えよう。

つみきの学校

手づくりの暮らしを体験する機会をもっと身近なものにしたい。多くの人とその豊かさを共有したい。そんな思いから、「つみきの学校」というものづくり教室を不定期開催しています。ものづくりは私たちのライフワーク。テーマは、今私たちが気になるものづくりだったり、気になる職人さんとのコラボレーションだったり。これからも一生、かたちを変えながら、マイペースに続く学校であることを確信しています。

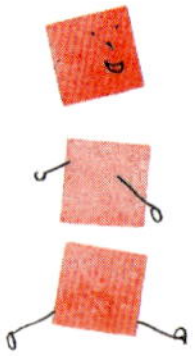

つみきの学校　校歌

こざと公園ぞいの　わが校舎
春に咲きなん　桜が薫る
秋の梨なら　果汁があふるる
かんな屑を　体にあびて
ドリルで開けろ　青春の心
ああ　つみきの学校

「つみきくん」と一緒に
ものづくりを体験しよう

生徒心得

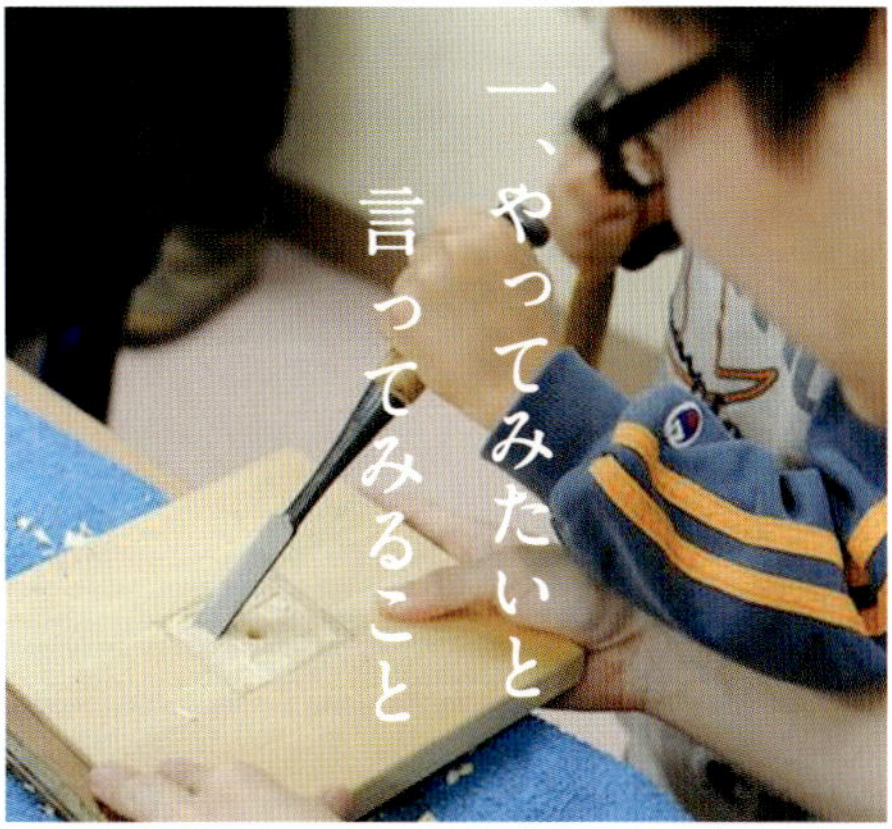

一、やってみたいと言ってみること

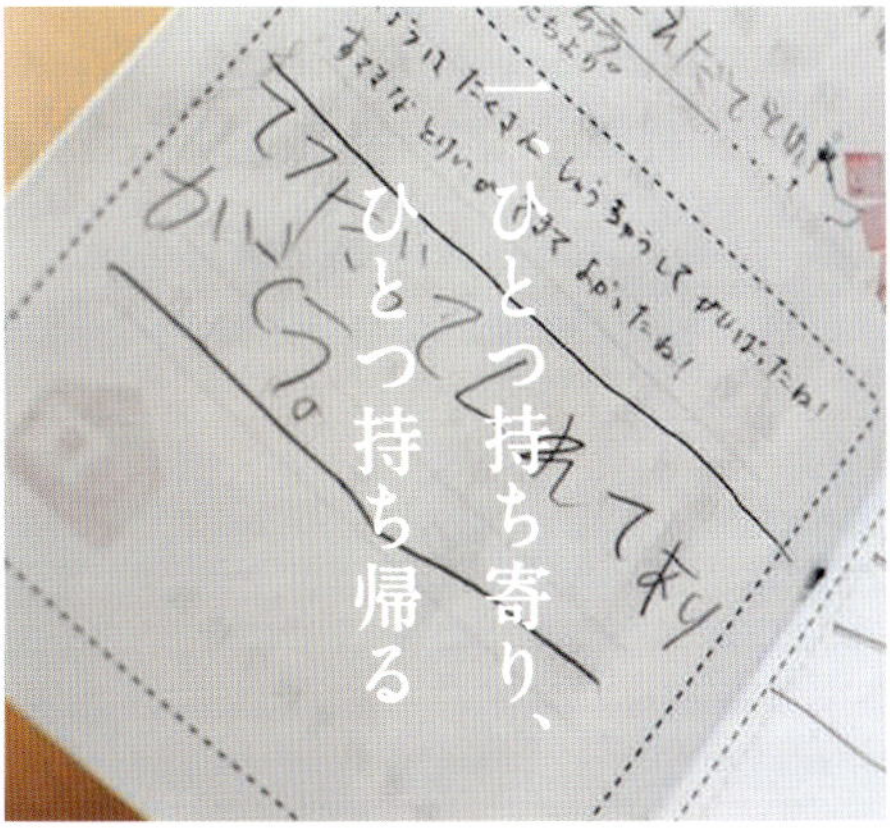

一、ひとつ持ち寄り、ひとつ持ち帰る

一、暮らしの「夢」をいつも心に

一、「上手に」よりも「丁寧に」

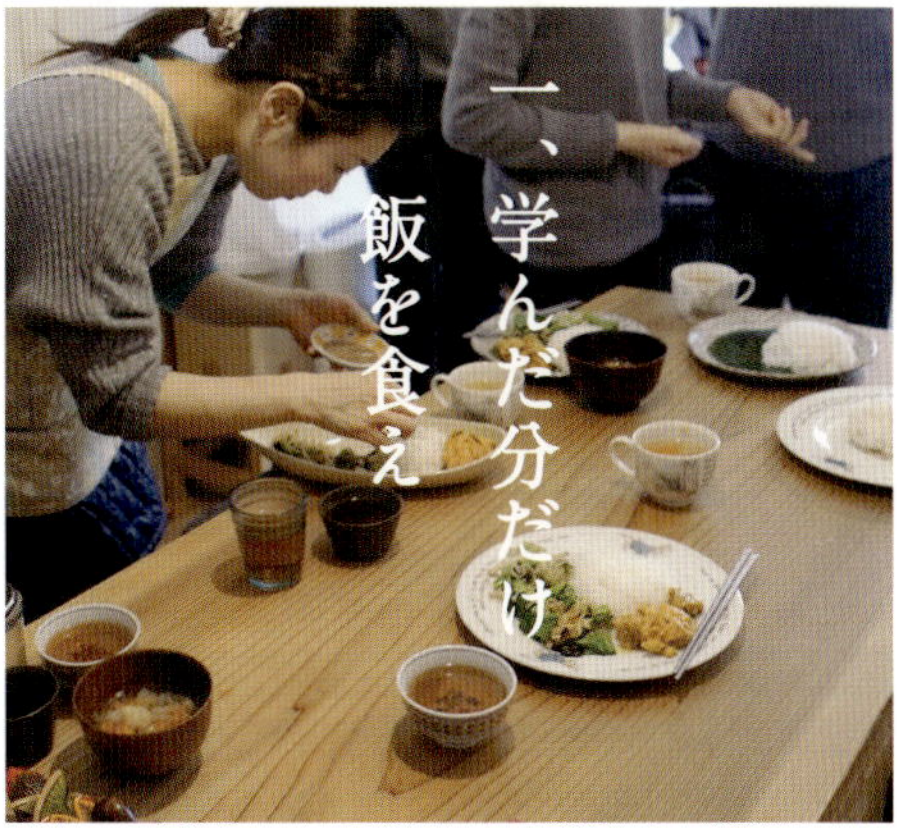

一、学んだ分だけ飯を食え

一、心から楽しむこと

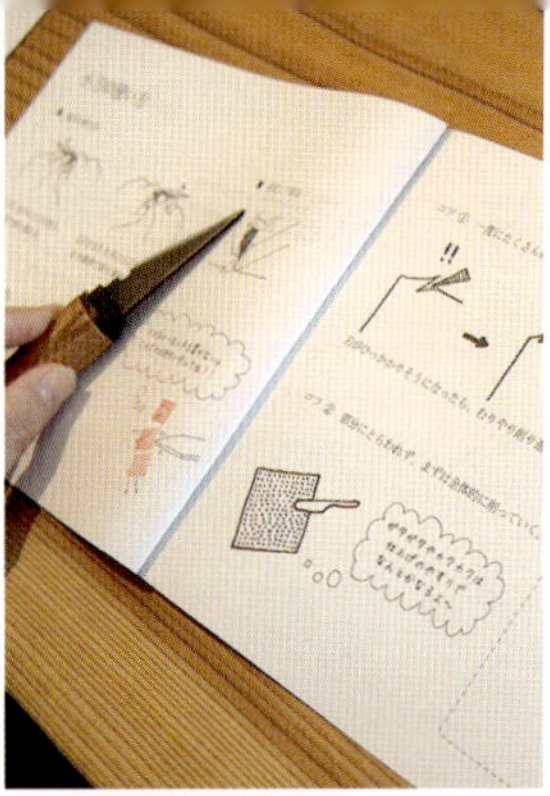

まずは、
教科書を開いて…

今日の授業は…

ベビースプーンをつくろう

木の時計をつくろう

クリスマスカードを贈ろう

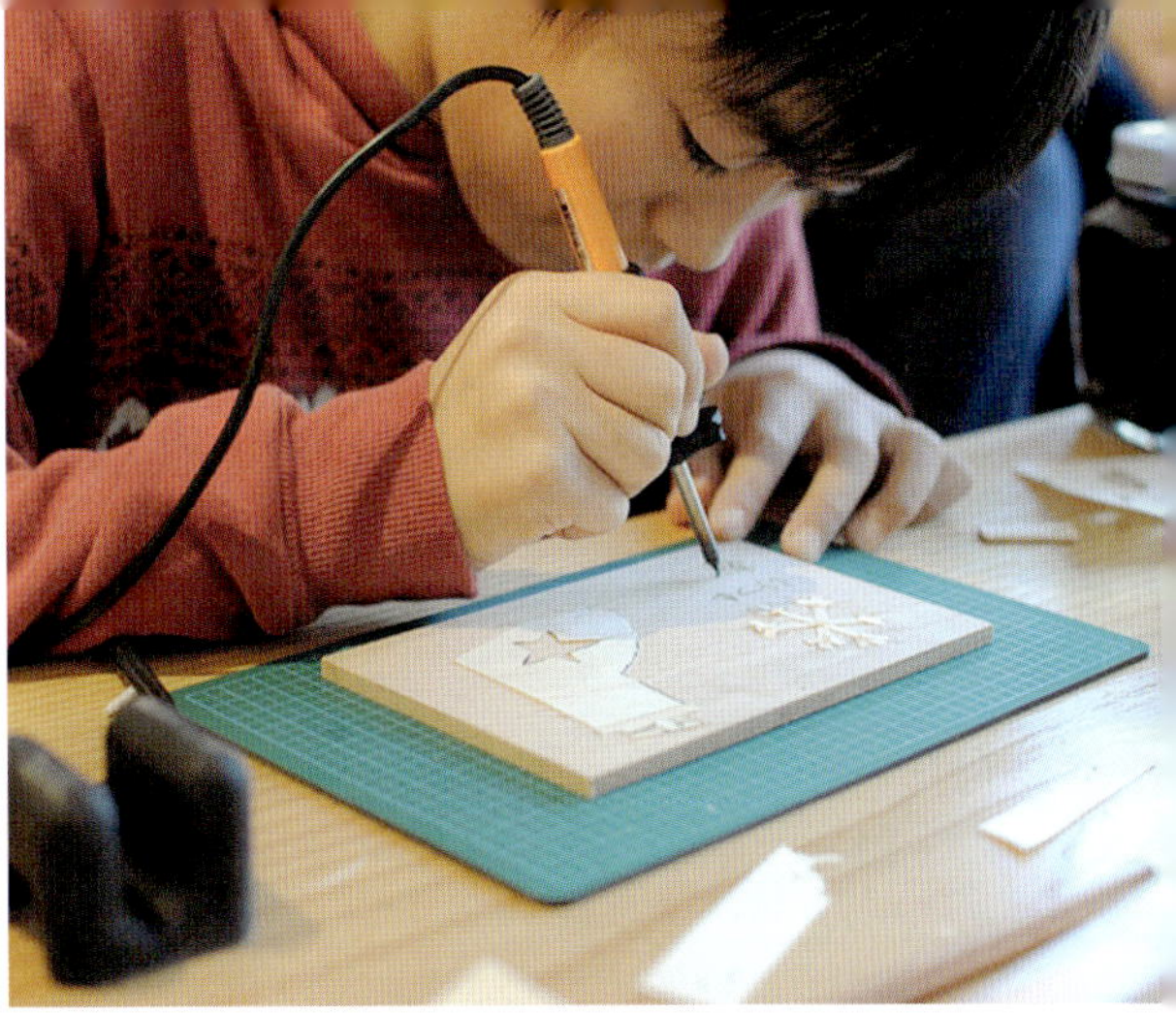

金継ぎを学ぼう

モルタルで表札をつくろう

EPILOGUE

私たちが初めての本を上梓できることになった今年、つみき設計施工社は立ち上げて8年目になります。

8年前の私たちは、「ともにつくる」の理念を掲げ、DIY参加型リノベーションのすすめをプレゼンの機会のあるごとに、語り続けていました。

しかし、当時は実践の事例もなく、「DIY」への認知も限定的で、「どこに依頼主にとっての喜びがあるのかわからない」「コストダウンがメリットであるということを全面に押し出さないと良さが伝わらない」などと言われることが多く、悔しい思いをしていたことが昨日のことのように思い出されます。そして同時に、その悔しさは、それが当たり前に理解される世界を必ず実現することへの、原動力でもありました。

私たちは多くの方々に支えられながら、自ら掲げた「ともにつくる」という言葉に導かれ、思い描く世界を実現するため奔走を続けています。

「ここで何でも試してください」と若い私たちに計画を一任してくださった初めての依頼主のOさん。素人の私たちに快く技術と道具を受け渡してくださり、面倒を見てくださった大工の相良さんご家族。私たちと店づくり・家づくりをともに楽しんでくださった依頼主の方々。柔軟に、丁寧に現場と向き合ってくださる施工チームのメンバー。真面目に、自由に仕事に取り組んでくれる設計チームのメンバー。5年の協働を通し、つみきの技術の基盤をつくってくださった忍田棟梁。一番近くで、オールマイティーに活躍してくれるなっちゃん。そして、いつもあたたかく、ときに厳しく見守り続けてくれた三原と札幌の両親たち。

自分たちの活動をまとめて語るなんておこがましいことは、人生の後半に、すべてをやり尽くしたと納得した後にやるべきことだなんて思っていた時期もありました。

しかし、ここまでやってきたことは私たちの歩む道の第一章であり、次の8年間もまた、新たな挑戦と探求を続けていきます。

そんなことを感じているこのタイミングでユウブックス矢野さんのお声掛けをきっかけに一冊の本にまとめられたことに、心から感謝しています。


最後に、本の製作中に竣工し、掲載することが叶わなかったいくつかの素晴らしいプロジェクトをご紹介させていただき、本書を締めたいと思います。


まずは、私たちが住み働く町、市川を楽しくする仕事。

昭和元年から海苔一筋、「伊藤海苔店の工房」の改装では、DIYワークショップに参加してくださった地元の方々と、美味しい海苔の絶品おにぎりをいただきました。

また、その伊藤海苔店4代目で良き友人でもある伊藤信吾くんがオープンした「まるに商店」の美味しいかんぶつや海苔は私たちの食卓の必需品。

本八幡のハーブティーカフェ「MINT BLUE」へは、ハーブの香りに包まれた心地良い時間を求め、完成後も頻繁にお邪魔しています。

本八幡駅前の「cool jojo jazz+art」では、本物のクラシックジャズを楽しめる空間も生まれました。

私たちの自宅から徒歩5分のところに「La pattiserie TSUKI」というケーキ屋さんがで

きたことを誰よりも喜び、足しげく通っているのはきっと私たち。

それから、価値観や未来へのビジョンをともにする仲間との仕事。

「ANDON」は日本橋本町にできたおむすびスタンド。同世代の仲間とのチャレンジングなプロジェクトで多くの刺激を受けました。

千葉県いすみ市の「パーマカルチャーと平和道場」では、建物の枠を超えて、人や環境への思いやりを学びました。

最後まで読んでくださりありがとうございました。

「常に実践者であること」を肝に命じ、私たちは、信じる道を歩き続けます。

これからも、どうぞよろしくお願いいたします。

2018年1月

つみき設計施工社　河野直・桃子

【編著者紹介】

河野 直　こうの・なお

1984年広島県三原市生まれ。スイスBurckhardt+Partnerでの勤務を経て京都大学大学院修了。学生時代は町屋改修現場で大工の手元として建築を学ぶ。住まい手参加型設計手法を提案したSDレビュー2009にて鹿島賞を受賞。住む人とつくる人が「ともにつくる」ことを理念として2010年に26歳でつみき設計施工社を創立。現在はリフォーム現場の設計・施工やDIYワークショップ講師等を務めながら、家庭では2児の娘をもつ育メンパパ。

河野 桃子　こうの・ももこ

1983年北海道札幌市生まれ。スイス 2b architectes での勤務を経て、京都大学大学院修了。せんだいデザインリーグ2007 卒業設計日本一決定戦で日本一を受賞。SDレビュー2009で河野 直とともに鹿島賞を受賞。2010年に27歳で河野直とともにつみき設計施工社を創立。一級建築士。2児の娘の子育てに励みながら、リフォーム現場の設計・施工やものづくり教室「つみきの学校」代表を務める。

【イラスト】

つみき設計施工社：特記以外すべて

夏目奈央子〈なつめ縫製所〉：表紙カバー, 表紙, タイトル文字, p.1, 17, 22, 23, 24, 26,50,51,52, 53, 59, 102, 103, 110, 111, 115, 133（2点）, 136, 146-147, 149, 152, 153, 168（2点）, 169, 170, 171（2点）, 175, 176

【写真】

（株）カラーワークス：p.161（上段上）

（株）ビビッドヴアン：p.161（上段下）

田島寛久〈まなざすひと〉：p.106

つみき設計施工社：特記以外すべて

中島工務店：p.40

marumo工房：p90,91（2点）

ユウブックス 編集部：p.86-87

わたなべたつや：p.80-81, 82（上2点）, 83, 84（右下）, 85（下）, 116-117, 117（左）, 118（上）, 119（右上・右下・左下）, 120-121, 122（4点）, 123, 124, 125, 126-127, 127（左上）, 141（左下）, 150-151, 152（上）, 153（左上・下）, 154-155, 156, 157, 158

【ダイアグラム・表】

つみき設計施工社

ともにつくるDIYワークショップ

リノベーション空間と8つのメソッド

2018年4月30日　初版第1刷発行

編著者	河野 直 + 河野 桃子 + つみき設計施工社
発行者	矢野 優美子
発行所	ユウブックス 〒157-0072　東京都世田谷区祖師谷2-5-23 Tel: 03-6277-9969 ／ Fax: 03-6277-9979 info@yuubooks.net　http://yuubooks.net
アートディレクション	夏目 奈央子 ／ なつめ縫製所
ブックデザイン	富岡 克朗
印刷・製本	株式会社シナノパブリッシングプレス

© Nao Kouno, Momoko Kouno, 2018 Printed in Japan

ISBN 978-4-908837-04-3 C0052

乱丁・落丁本はお取替えいたします。本書の一部あるいは全部を無断で複写・複製(コピー・スキャン・デジタル化等)・転載することは、著作権法上での例外を除き、禁じます。承諾については発行元までご照会ください。